Comme des cœurs brûlants

Alexia Vidot

Comme des cœurs brûlants

L'extraordinaire témoignage des convertis

Postface de François Esperet

Illustrations d'Élise du Verdier

ARTÈGE

Éditions Artège
9, espace Méditerranée – 66000 Perpignan
10, rue Mercœur – 75011 Paris
www.editionsartege.fr

ISBN : 979-10-336-1077-9
EAN Epub : 9791033611431

À ma mère.
« Ne craignez pas pour ceux que vous laissez.
Votre mort en les blessant va les mettre au monde. »
Jean Sulivan

« Efforce-toi d'entrer dans le trésor de ton cœur,
et tu verras le trésor du ciel. »
Saint Isaac le Syrien

« Je poursuis ma course pour tâcher de saisir,
ayant été saisi moi-même par le Christ Jésus. »
Saint Paul

« On va à Dieu de commencement en commencement
par des commencements qui n'auront pas de fin. »
Saint Grégoire de Nysse

Prologue

La maladie d'amour

Ce que la conversion au Christ peut susciter dans la vie d'une personne, ceux-là seuls le savent qui en ont fait l'expérience. Ceux dont le cœur s'est laissé toucher, rencontrer, saisir un jour, pour toujours. Les mots sont trop faibles pour décrire la violence du phénomène : lorsque Dieu fait irruption dans un cœur pour y faire sa demeure, d'une main il l'ouvre, il le déchire, il le brise, et de l'autre il panse la plaie et la soigne sans toutefois jamais la refermer. Blessure d'amour dont l'on ne peut guérir sauf à « colmater la brèche », et cela est un drame.

> « Le chrétien est d'abord un homme comme les autres. Il est du monde. Mais un jour, il y a la blessure d'Amour, mortelle : sa part mondaine essaie d'y survivre. Impossible. Ou alors, elle tente de tuer cette Vie qui, par la blessure, fut tout à coup, comme une douleur, réveillée. Le vieil homme essaie de colmater la brèche par où a coulé jusqu'à lui un peu du sang du Christ. C'est possible qu'il y parvienne. C'est dommage », avance le philosophe Martin Steffens[1].

Sur les lèvres de la bien-aimée du Cantique, qui se reconnaît « malade d'amour », l'on entendrait presque les paroles d'une

1. Martin Steffens, *Rien que l'amour, repères pour le martyre qui vient,* Salvator, 2015.

chanson populaire, plus profonde qu'elle n'y paraît : « Elle fait parfois souffrir tout le long d'une vie [...] Mais le plus douloureux, c'est quand on en guérit. » La maladie d'amour, c'est bien cela dont est gravement atteint le converti. Et c'est de l'intérieur même de la blessure, des profondeurs de cette béance, qu'on peut le mieux en parler.

Parce qu'une telle expérience existentielle ne s'évoque pas de l'extérieur, comme à distance, l'auteur a décidé de jouer le jeu et d'oser le « je ». Non sans réticence, évidemment. Par crainte, d'abord, de tomber sous le coup de la charge virulente que Bernanos assénait aux convertis – il avait d'ailleurs « honte » de dire qu'il n'en était pas un, tant la mode était alors à cette « sorte de gens » :

> « Les convertis parlent beaucoup, parlent énormément de leur conversion, un peu à la manière de ces malades guéris qui ne vous font grâce d'aucun des détails de leur ancienne maladie, vous assomment d'élixirs et de pilules. Faut-il ajouter que les cléricaux ont beaucoup de goût pour cette sorte de gens, et il est certain que leur témoignage a la même valeur publicitaire que celui de ces messieurs dont on voit la photographie à la quatrième page des journaux[2]... »

Par conviction, ensuite, que toute conversion est une vérité intime cachée au converti lui-même, un secret dont seul le Roi a la clé (Tb 12,7). Le 12 février 2008, sur une haute montagne face à la chaîne du Mont-Blanc, pourquoi et comment ai-je rencontré le Dieu vivant qui allait devenir ma vie ? L'amour, qu'il soit pour Dieu ou pour un être de chair, ne s'explique pas. Il se reçoit. Coup de grâce ou coup de foudre, les pourquoi, en ce domaine comme en bien d'autres, sont sans réponse.

2. Georges Bernanos, *Nos amis les saints,* Arcadès Ambo éditions, 2020.

Dans ce livre, je ne verserai donc pas de preuves ni de raisons au dossier de ma conversion. Ce serait passer à côté du mystère, faire injure à Dieu et à l'homme. Mettant ma propre expérience au contact de la Parole, dans une sorte de peau à peau, de *lectio divina* toute personnelle, j'entendrai seulement lever un coin du voile. Approcher, autant que faire se peut, de la céleste mécanique à l'œuvre dans l'âme du converti. De la Bible, cette déclaration d'amour inouïe de l'Éternel pour l'Humain, je retiendrai particulièrement la voix d'un foudroyé par la grâce avec qui j'ai noué une amitié céleste : saint Paul, le persécuteur des chrétiens devenu fol-en-Christ sur la route de Damas.

Cette première partie où se mêleront diverses voix impulsera, je l'espère, un certain élan pour entrer ensuite dans la vie de sept hommes et femmes du XXe siècle qu'au moment favorable Dieu a séduits pour ne plus jamais les lâcher. Sept témoins de ce retournement complet de la personne qui survient quand l'Au-delà de tout prend possession d'un être jusqu'à en faire le foyer de son feu dévorant. La caricaturiste française Marcelle Gallois, le couple rwandais Daphrose et Cyprien Rugamba, la journaliste américaine et militante de la gauche radicale Dorothy Day, l'aristocrate européen et mondain Alex-Ceslas Rzewuski, le jeune sbire du KGB Sergei Kourdakov, le médecin japonais Takashi Nagaï et le fondamentaliste romain Bruno Cornacchiola : pour différents qu'ils soient, tous sont partis à l'aventure, celle de leur liberté, et ont rencontré Dieu en chemin.

Première partie

La conversion

Le jour où je lui ai annoncé m'être convertie au Christ et à l'Église – pour moi, c'est tout un –, ma mère a souri et écarquillé les yeux : « Tu veux entrer dans l'Église catholique, obéir à sa doctrine et à sa morale, toi qui t'es toujours montrée si rebelle à toute autorité, à commencer par la mienne ? » Avec le recul, je conçois combien l'annonce de ma fulgurante conversion, lors d'un séjour éclair au monastère, a pu sonner peu crédible, voire absurde, à mes proches. Plus encore mon désir de recevoir le baptême à l'âge de 20 ans, afin de devenir membre d'une « institution » que jusque-là je regardais d'un œil condescendant, un tantinet moqueur. Comment expliquer à mon entourage une telle bascule ? Benoît XVI – « mon » pape – m'a alors glissé à l'oreille une parole que, aujourd'hui encore, je sers à ceux que mon choix étonne :

> « À l'origine du fait d'être chrétien, il n'y a pas une décision éthique ou une grande idée, mais la rencontre avec un événement, avec une Personne, qui donne à la vie un nouvel horizon et par là son orientation décisive[1]. »

Toute conversion authentique est le miracle d'une rencontre. La rencontre d'un homme avec le Christ. L'idéologie, la morale

1. BENOÎT XVI, *Dieu est amour,* Éditions de l'Emmanuel, 2006.

et la sociologie ne font pas le poids face à la puissance de ce face-à-face, de ce cœur-à-cœur. Le christianisme n'est pas la religion d'un livre, encore moins d'une loi, mais d'un Dieu personnel, vivant et vivifiant. Mais d'une présence. J'aime à dire qu'en demandant le baptême, je n'ai pas signé au bas d'une longue liste de préceptes et d'interdits, de dogmes et de principes, de droits et de devoirs. Je n'ai pas adhéré à une doctrine ou à des valeurs ni adopté un style de vie ou une sagesse. Je n'ai pas espéré rejoindre une communauté d'appartenance, rassurante et confortable, avec son jargon, ses signes distinctifs et ses coutumes identitaires. J'ai bien plutôt choisi librement de m'engager dans une relation sérieuse avec cette Personne – Dieu – dont j'étais tombée amoureuse en l'espace de trois jours, presque au premier regard.

Je dis « choisir » mais Jésus, la veille de sa Passion, a rétabli l'ordre des choses : « Ce n'est pas vous qui m'avez choisi ; mais c'est moi qui vous ai choisis » (Jn 15,16). Et Jean l'évangéliste d'enfoncer le clou de la croix dans sa première épître : « En ceci consiste l'amour : ce n'est pas nous qui avons aimé Dieu, mais c'est lui qui nous a aimés », et ce, jusqu'au bout de l'amour et de la mort (1Jn 4,10). Dans toute l'Histoire sainte – celle dont la Bible fait le récit, qui est la nôtre aussi –, c'est toujours Dieu qui fait le premier pas de la rencontre et de l'Alliance. Qui, le premier, prend l'initiative de se révéler, de se manifester, de se faire connaître. « Zachée, descends vite, car il me faut aujourd'hui demeurer chez toi », lance Jésus au chef des publicains juché sur son arbre, au faîte de son orgueil (Lc 19,5). En fin de compte, aimer Dieu et croire en lui, ce n'est que répondre au don de son amour par lequel il est venu, et vient sans cesse, à notre rencontre. D'où l'ardente prière de saint Paul adressée aux chrétiens d'Éphèse : « Puisse-t-il illuminer les yeux de votre cœur pour vous faire voir quelle espérance vous ouvre son appel ! » (Ép 1,18).

Oui, la conversion – et donc la foi – est avant tout un don gratuit, une grâce, un cadeau tombé du ciel, de la pure libéralité de Dieu lui-même – elle ne se mérite pas, mais s'accueille, et se reçoit. « Nul ne peut venir à moi si le Père qui m'a envoyé ne l'attire », dit le Christ (Jn 6,44). Et notre Dieu, parce qu'il est infiniment libre et infiniment puissant, peut venir quand il veut, comme il veut et où il veut. À la manière, par exemple, du voleur de l'Évangile qui s'introduit dans la maison au milieu de la nuit ; sans prévenir ni crier gare. S'il peut faire une incursion spectaculaire dans la vie de certains êtres qui, apparemment, ne demandaient rien, il semble résister à d'autres qui, pourtant, l'attendent ardemment. Mystérieuse réalité qu'Israël Zoller, le Grand rabbin de Rome devenu catholique au sortir de la Seconde Guerre mondiale, évoque dans son autobiographie spirituelle :

> « Le converti, comme le miraculé, est l'objet et non le sujet du prodige. Il est faux de dire qu'untel s'est converti, comme s'il s'agissait d'une initiative personnelle. Du miraculé, on ne dit pas qu'il s'est guéri, mais qu'il a été guéri. Du converti, il faut dire de même. Un homme ne choisit pas le moment de sa conversion, mais il est converti quand il reçoit cet appel de Dieu[2]. »

Cependant, la conversion – et donc la foi – est aussi un acte libre de l'homme. Celui-ci peut passer toute sa vie à côté de Dieu s'il ne se met pas dans certaines dispositions, s'il reste arc-bouté sur ses positions, ses revendications ou encore ses ressentiments qui le rendent comme imperméable à la grâce. Ou si, tout simplement, il refuse de mener sa propre quête, de se mettre en marche vers la source de son être – et telle est sa liberté la plus primordiale. Aucune conversion n'est donc brutale finalement.

2. Eugenio Zolli, *Avant l'aube*, François-Xavier de Guibert, 2002.

L'on ne devient pas chrétien du jour au lendemain, à la faveur d'un déclic qui viendrait de nulle part. Il existe des préalables à la rencontre avec Dieu, un terreau favorable qu'il appartient, à l'homme aussi, s'il le veut, de labourer. Avant le Christ, il y a Jean le Baptiste. Le prophète crie sans relâche dans le désert de nos âmes. Sa voix est tonitruante et décapante. Encore faut-il prêter l'oreille, et accepter de se laisser décaper :

> « Et il vint dans toute la région du Jourdain, proclamant un baptême de repentir pour la rémission des péchés, comme il est écrit au livre des paroles d'Isaïe le prophète : "Voix de celui qui crie dans le désert : Préparez le chemin du Seigneur, rendez droits ses sentiers ; tout ravin sera comblé, et toute montagne ou colline sera abaissée ; les passages tortueux deviendront droits et les chemins raboteux seront nivelés. Et toute chair verra le salut de Dieu" » (Lc 3,3-5).

La perspective ainsi rétablie, le bon sens pousse donc à regarder Dieu d'abord pour voir ce qui se trame en l'homme ensuite. Scruter le cœur de Dieu, Dieu en son cœur, pour saisir les merveilles de prévenance et d'ingéniosité qu'il déploie dans le seul but de séduire sa créature. Qu'on se le dise : Dieu est un séducteur, un Époux jaloux qui nous veut tout entier et pour toujours.

Les moniales qui, telles des mères, m'ont enfantée à la Vie, m'ont appris à débusquer le visage du Seigneur dans les Écritures. À lire ses traits, ses « traits de feu » (Ct 8,6), au fil des saintes lignes en lui posant, directement et inlassablement, une seule question : « Dieu, qui es-tu ? » Ainsi à la marge de ma Bible, je griffonnais des « Un Dieu… qui se fait petit enfant pour se faire tout proche de moi. Un Dieu… qui se fait pain pour me donner la vie. Un Dieu… qui vient chercher la brebis perdue que je suis. Un Dieu… qui me donne sa Mère au pied de la croix », etc. Mes petites trouvailles mises les unes à la suite des autres m'offraient un véritable portrait-robot de Celui que je voulais connaître pour mieux L'aimer et Le suivre. Une méthode simple – enfantine, penseront certains –, mais profonde que je me propose d'employer ici.

I
Les prémices de la rencontre

« Tu m'as séduit, Seigneur, et je me suis laissé séduire ;
Tu m'as maîtrisé, tu as été le plus fort. »
Jr 20,7

Un Dieu... qui cherche l'homme

« Adam, où es-tu ? » (Gn 3,9). Ce cri, que l'on pourrait croire désespéré s'il ne jaillissait des entrailles du Père, ne cesse de résonner d'un bout à l'autre de la terre. Il retentit aux quatre vents. Depuis la chute originelle en Éden, Dieu se promène dans le jardin du monde et de notre cœur. Il marche à la rencontre d'Adam. Il cherche sa créature qui, par honte, par peur, par culpabilité ou encore par orgueil, se cache entre les arbres. Le Bien-Aimé appelle sa fiancée volage pour la faire revenir à ses côtés et en son sein : « Ma colombe, cachée au creux des rochers, en des retraites escarpées, montre-moi ton visage, fais-moi entendre ta voix ; car ta voix est douce et charmant ton visage » (Ct 2,14).

Au commencement, il y a donc Dieu qui refuse d'abandonner sa créature à elle-même – c'est toute l'Histoire du salut, des prophètes à Jésus. Dieu qui se met à la recherche de l'Humain. Dieu qui s'élance sur les routes du monde pour retrouver sa brebis égarée et fourvoyée, y compris celle qui n'en a que faire de lui, qui l'a rejeté, trompé et renié. Tous les chemins ne mènent pas à Dieu, mais Dieu les emprunte tous pour rejoindre l'homme. Et il n'a pas peur de se salir les pieds, d'arpenter des sentiers obscurs, de gravir des montagnes escarpées et de traverser des ravins de ténèbres. Le roi David, à qui l'on attribue les psaumes, en a fait la troublante expérience :

> « Où irai-je loin de ton esprit, où fuirai-je loin de ta face? Si j'escalade les cieux, tu es là, qu'au shéol je me couche, te voici. Je prends les ailes de l'aurore, je me loge au plus loin de la mer, même là, ta main me conduit, ta droite me saisit » (Ps 139,7-10).

Où qu'aille l'homme, Dieu y court. Bien plus : il le précède et là, il l'attend, à l'affût du moindre signe à l'horizon, les bras ouverts prêts à étreindre, la bouche impatiente de donner le baiser de paix, comme dans la parabole du Père miséricordieux. Devant le tableau admirable de Rembrandt, *Le Retour du fils prodigue,* le prêtre écrivain Paul Baudiquey médite :

> « Il s'est usé les yeux à son métier de Père. Scruter la nuit, guetter, du même regard, l'improbable retour; sans compter toutes les larmes furtives... il arrive qu'on soit seul! Oui, c'est bien lui, le Père, qui a pleuré le plus. [...] Les vrais regards d'amour sont ceux qui nous espèrent[3]. »

Un homme... qui cherche Dieu

L'Amour au-delà de tout précède l'homme, l'entoure, l'enveloppe, l'enserre. Et inscrit et instille en son être profond le désir de le chercher à son tour. Désir parfois non formulé, inconscient,

3. Paul BAUDIQUEY, *Un évangile selon Rembrandt,* Mame, 1989.

insoupçonné, mais bien là, comme une braise enfouie dans la cendre, en attente de recevoir le souffle de l'Esprit. « Je me suis laissé approcher par qui ne me questionnait pas, je me suis laissé trouver par qui ne me cherchait pas », en arrive à dire l'Éternel par la bouche du prophète Isaïe (65,1) ; un oracle étonnant que saint Paul rappelle aux chrétiens de Rome (Rm 10,20).

Je suis toujours frappée lorsqu'à la messe le célébrant prononce ces paroles de la IVe prière eucharistique : « Comme il avait perdu ton amitié en se détournant de toi, tu ne l'as pas abandonné au pouvoir de la mort. Dans ta miséricorde, tu es venu en aide à tous les hommes pour qu'ils te cherchent et puissent te trouver. » C'est par grâce, et non de lui-même, que l'homme se met donc, un jour, en quête de Dieu. Saint Jean-Paul II développait « cette imbrication suggestive entre l'initiative de Dieu et la réponse de l'homme » en ces termes :

> « Poursuivi par Dieu, l'homme ressent déjà sa présence, il rayonne déjà de la lumière qui se trouve encore derrière lui, il est déjà concerné par cette voix qui l'appelle de loin. Et ainsi, il commence à chercher lui-même le Dieu qui le cherche : recherché, il se met en recherche ; aimé, il commence à aimer[4]. »

Comment en suis-je arrivée, un beau jour, à frapper à la porte d'un monastère ? Étais-je mue par une quelconque quête spirituelle, une recherche de sens ou, tout au moins, par le besoin de faire un point sur ma petite vie ? Nullement ; du moins le pensais-je. Deux bonnes amies de lycée – de pétillantes catholiques – m'avaient simplement vendu un « bon-plan-vacances-à-la-montagne » en m'assurant que la messe n'était pas obligatoire et que personne, à commencer par les religieuses, ne viendrait

4. Jean-Paul II, audience générale, 5 juillet 2000.

m'embêter. J'étais plus en mode « ours sauvage » affamé de silence que « chercheur de sens ». D'ailleurs, quand j'ai appelé la communauté pour leur demander l'hospitalité, au bout du fil la petite sœur m'a demandé si je venais pour prier. « Non, surtout pas. Je ne suis même pas baptisée! », me suis-je empressée de rectifier. « Viens vite, nous t'attendons. »

La veille du grand saut, avec des copines de Sciences Po, nous m'imaginions seule et désœuvrée dans un couvent rempli de bonnes sœurs… La scène nous paraissait tellement incongrue que nous en riions franchement. Les paris étaient lancés : je ne tiendrais pas deux jours. La nuit même, prise de panique à l'idée de m'ennuyer, j'ai bourré de livres mon sac de voyage. Dans la pile, entre des polars de Fred Vargas et *L'Homme pressé* de Paul Morand, *Les Confessions* de saint Augustin. Mon intérêt était pour l'auteur de la première œuvre autobiographique de l'Histoire, non pour le converti. Pour le théoricien des deux cités que j'avais étudiées en philosophie politique, non pour l'évêque d'Hippone. Malgré tout, j'ai pris la direction du monastère avec le Docteur de la grâce sur le dos. Un compagnon de route discret, mais à l'intercession efficace, j'allais bientôt m'en rendre compte.

Le premier soir du reste de ma vie, l'on toque à la porte de ma chambre. J'ouvre, non sans râler intérieurement – on veut déjà m'extirper de mon repère! – et que vois-je dans la pénombre du couloir? Deux petites flammes incandescentes et un joyeux sourire. La sœur au regard de feu entre sans se faire prier. S'assoit sur mon lit avec une simplicité déconcertante. Plonge ses yeux dans les miens. Et me demande à brûle-pourpoint : « Alexia, qui es-tu? » La question me prend au dépourvu. Je bafouille quelques mots en me raccrochant à l'identité sociale que je m'étais forgée et que j'avais l'habitude de débiter avec aplomb. Mais peu à peu, enveloppée par une écoute bienveillante et un intérêt sincère, je m'entends exprimer des aspirations existentielles. « C'est ton cœur profond qui parle Alexia. Écoute-le et tu entendras qu'il crie vers Dieu ! », m'encourage la sœur que j'apprends être la prieure. Les heures s'écoulent, mes larmes coulent – elles ne s'arrêteront plus.

Puis je me retrouve à nouveau seule, dans ma cellule. Dehors, s'installe une nuit sans lune. En moi, une lumière commence à poindre. Elle se lève tout doucement à mesure que je m'enfonce dans ce « cœur profond » que la sœur m'a révélé. Je ne l'avais encore jamais sondé. J'entends alors gémir un manque, et même une perte, une insatisfaction douloureuse, une soif d'absolu inassouvie et qui me tenaille, un goût amer face à ce monde cupide que je perçois sans hauteur ni profondeur ni épaisseur, un besoin d'amour vrai, définitif, total, une aspiration à quelque chose de grand, de beau et de vrai, à un idéal pour lequel je pourrai vivre pleinement – mourir aussi. Et si tout cela était, en moi, comme une signature marquée par le feu d'un désir d'infini, d'un désir de… Dieu, lâchons le mot ? La prieure aurait-elle donc raison ? Me revient en boucle une phrase qu'elle m'a dite et qui d'obscure devient peu à peu lumineuse : « Tu as été créée par Dieu et pour Dieu, à son image et ressemblance. Comment pourrais-tu être vraiment heureuse en dehors de lui ? »

Dieu serait-il le secret de ce bonheur dont je conserve la nostalgie et qui m'échappe toujours ? Je m'enflamme à n'en point dormir ! J'ouvre *Les Confessions* d'Augustin, parcours les pages et tombe sur ce trait que je ne savais pas encore fameux : « Tu nous as faits pour toi, Seigneur, et notre cœur est sans repos tant qu'il ne demeure en toi. » Cette inquiétude du cœur, je ne la connais que trop, mais ce Dieu qui serait le repos de mon âme, je veux le rencontrer. Oui, « je ne sais pas ce que c'est, mais je sens que c'est ça », me dis-je très maladroitement.

Grâce à quelques mots, et surtout à son écoute féconde, la petite sœur avait fait exploser la chape de plomb que l'esprit du monde avait coulé sur mon intériorité. Avant cet échange, j'étouffais sans trop savoir pourquoi. Puis j'ai compris. Mon âme était comme la biche et comme le cerf altérés du psaume que l'on aurait retenue loin de sa source, loin des « eaux vives » : elle cherchait son Dieu, elle avait « soif de Dieu, du Dieu vivant » (Ps 42,3).

Un Dieu… qui est le Chemin, la Vérité et la Vie

Elle est assassine, cette société qui entend guérir l'homme de son inquiétude métaphysique et religieuse. Qui le maintient à la surface de son être et le retient de plonger dans ses abîmes où sommeillent les questions essentielles : Que dois-je faire ? Quel est le sens de mon existence ? Où est le bien, où est le mal ? En quoi consiste la vie, la vraie ? D'où venons-nous ? Où allons-nous ? Et Dieu dans tout ça ? Elle tue l'âme, cette civilisation moderne que Bernanos accusait, dès 1947, d'être une « conspiration universelle contre toute espèce de vie intérieure[5] ». Notre monde est tellement satisfait de lui-même, tellement fier de ses conquêtes techniques, scientifiques et technologiques, tellement imbu de son pouvoir, de ses richesses, de ses prouesses, qu'il voudrait dispenser l'homme d'affronter ces interrogations fondamentales de la raison – une raison réduite à peau de chagrin, à ce qui est vérifiable par l'expérience, autrement dit : une raison positiviste qui exclut le divin.

L'Humain en vient à penser n'avoir besoin de personne, et surtout pas de Dieu, et, centré sur lui-même, dans un déni de

5. Georges Bernanos, *La France contre les robots,* Le Castor Astral, 2017.

sa finitude comme de l'infinitude auquel il aspire, il se targue d'être la source de son bonheur. Et ce bonheur-là a certes un goût de trop peu, mais il s'estime déjà heureux de pouvoir y tremper les lèvres. Alors il choisit de vivre à fleur de vie, sans trop penser, sans trop se risquer, cueillant l'instant présent dans un *carpe diem* mal compris. Or se satisfaire d'un bien-être à petit prix, immédiat et plat, est une injure à la grandeur de l'homme. Coupez son horizon, fermez le ciel et obstruez l'accès à son continent intérieur : il est réduit à l'état de mort vivant. Il ne vit pas vraiment, il vivote tout au plus, au seuil de lui-même et de la Vie, à hauteur, non pas de son esprit, mais de son ventre qui ne lui fait apprécier « que les choses de la terre » (Ph 3,19). Ainsi survit-il collé au sol et à ses contingences. Certaines âmes ne peuvent s'y résoudre et choisissent d'en découdre avec les tyrannies du positivisme, du matérialisme, du subjectivisme, du pragmatisme, du technicisme, du fétichisme de l'objet… – de tous ces « -ismes » dont le dessein est d'endiguer la soif de liberté et de vérité qui demeure au fond de l'homme, d'endormir le désir d'accéder à leur pleine connaissance.

Un homme… qui a soif de vérité

Parmi ces âmes ardentes, Jacques et Raïssa Maritain. Leur histoire de conversion à l'aube du XXe siècle est indissociablement liée à la mienne, dans la mesure où elle me fut racontée aux prémices de ma rencontre avec Dieu – je pense même qu'elle l'a favorisée, voire précipitée. C'était le troisième jour de mon séjour au monastère. Je rendais pour la première fois visite au vieil aumônier de la communauté, Pierre Jacquard. Ce prêtre à la retraite avait sillonné le monde pendant près de quarante ans avec son frère de sang, missionnaire également, au service des plus pauvres d'entre les pauvres – lépreux, handicapés, filles livrées à l'enfer de la prostitution. Après m'avoir retracé, en quelques traits vifs et anecdotes savoureuses, l'aventure de leur vie, une vie offerte jusqu'à l'extrême, le père Pierre a voulu me donner une petite leçon de philosophie sur l'Amour avec un grand « A » et la Vérité avec un grand « V » – j'entends encore sa voix, magistrale, théâtrale, digne des plus grands comédiens de la Belle époque.

Pour illustrer son propos, le père Pierre a fait entrer en scène le jeune couple d'étudiants à la Sorbonne, cette université étouffante de conformisme, ce temple saint de la bien-pensance où sévissaient alors un scientisme conquérant, orgueilleux, et un rationalisme étroit. Puis, avec un plaisir non feint, le bon prêtre m'a détaillé le serment que les deux esprits asphyxiés se sont fait lors d'une promenade au Jardin des Plantes – ils ne se doutaient alors pas qu'un ange hirsute, le tonitruant et mystique Léon Bloy, allait bientôt surgir dans la tempête de leur désespoir pour les guider jusqu'au port tranquille. Instant solennel et tragique que Raïssa décrit à merveille dans *Les grandes amitiés* :

> « Nous décidâmes donc de faire pendant quelque temps encore confiance à l'inconnu; nous allions faire crédit à l'existence, comme à une expérience à faire, dans l'espoir qu'à notre appel véhément le sens de la vie se dévoilerait, que de nouvelles valeurs se révéleraient si clairement qu'elles entraîneraient notre adhésion totale, et nous délivreraient du cauchemar d'un monde sinistre et inutile. Que si cette expérience n'aboutissait pas, la solution serait le suicide; le suicide avant que les années n'aient accumulé leur poussière, avant que nos jeunes forces ne soient usées. Nous voulions mourir par un libre refus s'il était impossible de vivre selon la vérité[6]. »

6. Raïssa MARITAIN, *Les grandes amitiés,* Desclée de Brouwer, 1949.

Alternative redoutable que je n'avais jamais formulée de la sorte, mais qui trouvait un écho en moi. À quoi bon, en effet, vivre dans le plus artistique des flous, sans aucun repère déterminé et solide sur lequel s'appuyer, sans valeurs supérieures sur lesquelles fonder et miser sa vie ? *Les grandes amitiés* est dès lors devenu l'un de mes livres de chevet. Ces pages ne sont malheureusement pas à mettre entre toutes les mains – ou alors il faut se préparer à essuyer une horde de propos outrés sur les dangers de croire en l'existence d'une vérité absolue, définitive. Car la vérité est devenue un gros mot aujourd'hui, objet de méfiance et de soupçon, on déclare son royaume inaccessible à l'homme. Il est même de bon ton d'affirmer qu'il n'y a pas une vérité, mais des vérités, toutes subjectives. « À chacun sa vérité. » Ou : « Tout est relatif. » Quelle absurdité !

Lorsque j'affirme que « tout se vaut », de deux choses l'une : soit j'admets que mon propos est lui aussi relatif, donc qu'il porte en lui-même sa propre contradiction, soit je considère que tout est relatif, sauf ce que je dis. Rationnellement, le relativisme ne tient pas. Là n'est pas le plus grave. En se livrant à un tel subjectivisme au nom d'une prétendue tolérance, l'homme de la modernité croit trouver sa liberté en dehors de la vérité elle-même – or il échange « la vérité de Dieu contre le mensonge » (Rm 1,25). Et le voici plongé dans un nihilisme désespérant, dans une triste errance qui lui fait dire avec le « dernier homme » de Nietzsche : « On a son petit plaisir pour le jour et son petit plaisir pour la nuit : mais on respecte la santé[7]. »

Contre le piège et le défi de notre siècle, le cardinal Joseph Ratzinger s'est élevé :

7. Friedrich Nietzsche, *Ainsi parlait Zarathoustra,* Flammarion, 2006.

> « Posséder une foi claire, selon le *Credo* de l'Église, est souvent défini comme du fondamentalisme. Tandis que le relativisme, c'est-à-dire se laisser entraîner "à tout vent de la doctrine", apparaît comme l'unique attitude à la hauteur de l'époque actuelle. L'on est en train de mettre sur pied une dictature du relativisme qui ne reconnaît rien comme définitif et qui donne comme mesure ultime uniquement son propre *ego* et ses désirs[8]. »

Une autre voie est possible, qui demande du courage. Celui de ne plus se laisser ballotter par les vagues des idées en vogue, par les courants des idéologies dans le vent. Mais de tenir tête à tous les prêt-à-penser, mais d'assumer sa propre aventure, mais de ramer, bien souvent à contre-courant, pour que la petite barque de sa pensée avance toujours plus vers la vérité sur soi-même et sur les choses. Oui, cela requiert du courage, de la détermination, car le pape Benoît XVI l'a bien diagnostiqué : « On a peur de chercher la Vérité ou on a peut-être peur que la Vérité nous trouve, nous saisisse et change notre vie, comme cela s'est produit pour saint Augustin[9]. » À celui qui brave cette peur, qui ne se contente pas de pseudo-vérités, mais qui n'arrête jamais de rechercher celle qui donnera sens à son existence – sa valeur comme son orientation – alors Dieu peut se révéler. Il peut se manifester comme étant lui-même la Vérité, une vérité vivante que nul ne peut posséder, mais qui possède celui qui se laisse saisir, animer et pousser par elle. Alors Jésus-Christ, celui qui est, qui était et qui vient, peut apparaître comme étant tout à la fois l'origine, le chemin et la destination.

---

8. Joseph Ratzinger, messe solennelle pour l'élection du souverain pontife, 18 avril 2005.
9. Benoît XVI, audience générale, 25 août 2010.

Un Dieu… qui aime à l'inconditionnel

Mais, en fin de compte, pourquoi Dieu nous cherche-t-il donc ainsi ? Pourquoi désire-t-il à ce point que nous le connaissions comme étant « le Chemin, la Vérité et la Vie » (Jn 14,6) ? « Qu'est-ce que l'homme pour que tu penses à lui, le fils d'un homme, que tu en prennes souci ? », s'étonne le psalmiste (Ps 8,5). Cette question, qui nous taraude, je pense que Dieu ne l'entend même pas. Le seul langage qu'il comprenne est celui de l'amour car il l'est, en Personne. L'amour en son essence. L'amour gratuit et inconditionnel, celui-là même auquel nous avons tellement de peine à croire. Il est si difficile de nous déprendre de cette logique du donnant-donnant, celle du mérite, de la rétribution ou de la récompense. Inscrite en nous, elle vient polluer et abîmer toutes nos relations. Rien de tel, pour se laver de ce poison, que de se poser devant une représentation de la sainte Trinité.

Sans doute le savait-elle, cette petite sœur venue me cueillir dans ma cellule, le matin du deuxième jour… Ses bras étaient chargés d'une flopée de bouquins – *Il n'y a pas de plus grand amour* de Mère Teresa, *Deus caritas est* de Benoît XVI, *Amour et silence* d'un chartreux, *Récits d'un pèlerin russe,* etc. –, mais avant de laisser mon nez y plonger, elle m'a emmenée dans le sanctuaire du monastère où règne en maître une fresque de la Trinité. On ne voit qu'elle. Et lorsque l'on se glisse derrière l'autel, il n'est qu'à lever les yeux au ciel pour se sentir comme attiré et invité par les Trois. Alors ce mystère si mystérieux d'un seul Dieu en trois personnes se révèle une réalité simple comme l'amour : « Dieu aime comme l'émeraude est verte », résume Simone Weil.

Car si « Dieu est Amour », il ne peut être solitaire, seul vis-à-vis de lui-même, recroquevillé sur son moi dans lequel il se complairait. Il est unique, certes – et, en cela, le christianisme est un monothéisme –, mais il n'est pas un atome : son être même est mouvement, élan, communication, don, c'est-à-dire relation. C'est d'ailleurs de sa relation aux deux autres que chaque personne divine reçoit son identité. Et seules ces relations les distinguent réellement les unes des autres – hormis cela, les Trois ne font qu'un, elles ont tout en commun. « Moi et le Père nous sommes un » (Jn 10,30) et « l'Esprit, lui, me glorifiera, car c'est de mon bien qu'il recevra et il vous l'expliquera » (Jn 14,16), dit ainsi Jésus, le Fils, à ses disciples.

Avec un sens aigu de la formule – ou plutôt de l'image – Grégoire de Nysse compare le Père au soleil, le Fils aux rayons et l'Esprit à la chaleur qui irradie de l'ensemble. En Dieu, il y a l'Aimant, l'Aimé et l'Amour, développe saint Augustin. Le Père est tout l'amour donné, le Fils est tout l'amour reçu, l'Esprit est tout l'amour partagé entre le Père et le Fils. Le Père embrasse le Fils, le Fils est embrassé par le Père et l'Esprit est ce « baiser » sans cesse donné et reçu, selon l'expression de Bernard de Clairvaux. Le Père engendre éternellement le Fils, le Fils se reçoit totalement du Père et l'Esprit est cette communion entre les deux. « Le Père ne se regarde pas : Il n'est qu'un regard vers le Fils, qui n'est qu'un regard vers le Père; et le Père et le Fils ne s'idolâtrent pas : ils ne sont qu'un élan vers le Saint-Esprit qui respire le Père et le Fils[10]. »

Cette circulation incessante de la vie divine au cœur de l'amour trinitaire, cette communion d'amour que les Pères grecs ont appelé la « danse » de Dieu ou sa « périchorèse » – la « circumincession » chez les Latins –, c'est cela même qui est donné à voir et à toucher dans la fresque de la sainte Trinité. Celle du sanctuaire est inspirée de l'icône du moine russe

10. Maurice ZUNDEL, *Je parlerai à ton cœur*, Anne Sigier, 1990.

orthodoxe Andreï Roublev dite « de l'hospitalité d'Abraham ». La Tradition a très tôt interprété le récit biblique de cette visite des trois anges au vieux patriarche comme une manifestation de la Trinité (Gn 18,1-22). Car la vie trinitaire n'est pas une invention tardive de théologiens zélés : les premiers chrétiens, à commencer par les apôtres et les évangélistes, l'ont peu à peu entrevue en scrutant et relisant les Écritures à la lumière nouvelle de Jésus. Et si Dieu a envoyé son Fils dans le monde, c'est justement pour révéler aux hommes son vrai visage, qui se laissait deviner dans l'Ancien Testament, comme à travers un voile. Par exemple, au commencement, Dieu n'a pas dit : « Je fais l'homme à mon image », mais : « Faisons l'homme à notre image, comme notre ressemblance » (Gn 1,26).

Comment cette drôle d'idée est-elle venue à l'esprit de Dieu ? Pourquoi s'est-il lancé dans une telle histoire ? Par amour, cet amour qui n'existe que parce qu'il se donne, se reçoit et se partage. « C'est la clef de l'amour qui a ouvert sa main pour produire les créatures », affirme saint Thomas d'Aquin. Toute la Création est le fruit de l'amour trinitaire. Nous sommes « comme le débordement de son extase », insiste Maurice Zundel. En cela, la Trinité n'est pas seulement un beau concept théologique à sonder, ni même à contempler, mais un mystère qui nous concerne, personnellement, et qui nous cerne : elle est notre vocation. D'autant plus lorsque nous sommes baptisés, puisque le jour de notre baptême « au nom [et non pas « aux noms »] du Père, du Fils et du Saint-Esprit », nous avons reçu le sceau indélébile de la Trinité qui, depuis, repose dans notre cathédrale intérieure.

C'est la doctrine de l'inhabitation de Dieu en nous qu'Élisabeth de la Trinité a chanté avec tant de poésie et de justesse. « Pense que ton âme est le temple de Dieu, c'est encore saint Paul qui le dit, conseille-t-elle à sa maman ; à tout instant du jour et de la nuit les trois personnes divines demeurent en toi[11]. » Elles sont là et n'attendent qu'une chose : que nous les rejoignions et que nous entrions dans leur danse ! La carmélite de Dijon n'a cessé de partager ce secret qui a illuminé sa vie et qu'elle résume ainsi à sa sœur Guite peu avant de mourir, en 1906 : « Je te laisse ma dévotion pour les Trois, à l'"Amour". Vis au-dedans avec eux dans le ciel de ton âme. » Ou dans la bouche de l'apôtre des nations s'adressant aux chrétiens d'Éphèse : « Béni soit le Dieu et Père de notre Seigneur Jésus Christ [...] Il nous a élus en lui, dès avant la fondation du monde, pour être saints et immaculés, en sa présence, dans l'amour » (Ép 1,4).

Non seulement la Trinité habite en nous, mais nous sommes faits à son image et ressemblance, ne l'oublions pas. Pour Benoît XVI, la preuve la plus éloquente de cela est que « seul l'amour nous rend heureux, car nous vivons en relation, et nous vivons pour aimer et être aimés[12] ». Par nature, nous sommes des êtres de relation. Cependant, nous avons à apprendre à aimer comme Dieu aime. Là encore, les pensées de Maurice Zundel, grand amoureux de la Trinité comme source et modèle de tout amour, sont précieuses. Le théologien suisse reprend l'histoire de Narcisse qui découvre un jour sa beauté dans le miroir d'un étang : en tombant amoureux de son image au point de vouloir la saisir, il tombe aussi à l'eau et il meurt. Qui vit pour soi en se cherchant soi-même – y compris dans l'autre – se perd. Et Zundel de conclure :

11. Jean-Louis FRADON, *Élisabeth de la Trinité, une femme pour le xxe siècle*, Éditions de l'Emmanuel, 2013.
12. BENOÎT XVI, angélus du 7 juin 2009.

> « Dans tous les domaines, Dieu nous sort de nous, pour que nous ne périssions pas comme Narcisse dans la contemplation de nous-même, pour que nous vivions, puisque vivre, c'est se donner[13]. »

Un homme… qui est un être de relation

Cet amour-don, amour oblatif, je l'ai pressenti dès mon arrivée au monastère. Je l'ai littéralement senti – oui, le chalet faisant office d'hospitalité sentait bon l'amour. Flottait dans l'air un doux parfum dont les effluves réveillaient mes sens, dilataient et apaisaient mon être inquiet. Le diable se cache dans les détails, dit-on. La charité plus encore ! En entrant dans ma petite chambre boisée, j'ai trouvé la table dressée, avec une belle nappe blanche et de la vaisselle en grès. Quelques fins sablés faits maison et une tisane chaude. Des branches de sapin en guise de décoration. Rien d'extraordinaire. Mais de la beauté à l'état brut qui, en silence, me parlait et me disait de la part de la communauté : « Alexia, nous t'attendions. Te voici enfin ! Tu es ici chez toi. Repose-toi. » Ces gestes de tendresse ne paient pas de mine mais ne se paient pas de mots. Dans leur délicatesse même, ils donnent à l'autre d'exister. Pour Simone Weil, « les malheureux n'ont pas besoin d'autre chose en ce monde que d'hommes capables de faire attention à eux ». Or, regrette la philosophe, cette capacité « est chose très rare, très difficile ; c'est presque un miracle ; c'est un miracle[14] ». Avant même que je rencontre en chair et en os ces cœurs attentionnés et attentifs qui avaient préparé ma cellule et mon dîner, miraculeusement, je me savais déjà aimée.

---

13. Maurice ZUNDEL, *Je parlerai à ton cœur*, Anne Sigier, 1990.
14. Simone WEIL, *Attente de Dieu*, Albin Michel, 2016.

Puis, au fil des jours, j'ai croisé le chemin de plusieurs sœurs. Avec certaines, je parlais longuement. Avec d'autres, je n'échangeais qu'un silencieux sourire. Mais face à chacune, j'ai éprouvé la même stupéfaction : sur leur visage se lisait une joie sincère, celle de faire ma connaissance, de me rencontrer, moi, Alexia, une étudiante quelconque qu'elles ne reverraient sans doute pas, mais qui, à cet instant précis, faisait l'objet de toute leur attention et bienveillance. Je trouvais cela si « bizarre » ! Ces sœurs ne me connaissaient ni d'Ève ni d'Adam (mais de Jésus, je ne le savais pas encore). Je ne faisais pas partie de leur « club » et n'envisageais absolument pas de le rejoindre – je ne m'en étais pas cachée, j'avais joué franc jeu : je venais en vacances, rien de plus. Nous n'avions pour ainsi dire rien en commun – sang, âge, origine sociale, croyances, etc. Et malgré tout, elles m'ouvraient les portes de leur vie, m'accueillaient chez elles avec une bonté sans pareille. Elles me prenaient comme j'étais, là où j'en étais, sans vouloir me changer – si j'avais repéré en elles la plus petite intention de me convertir, le moindre signe de prosélytisme, pour sûr, j'aurais pris mes jambes à mon cou. Rien de tel. Elles m'aimaient sans raison ni pourquoi. Sans agenda caché ni attente particulière. Autrement dit : sans condition, gratuitement.

Enfant, j'étais sauvage. Je préférais passer les récréations adossée à la grille de l'école, seule avec mes pensées, plutôt que me mêler aux gamins de mon âge. Je me rebellais contre ce que je considérais être une obligation sociale : faire de ses camarades de classe des amis. Amitié de circonstance, d'intérêts communs. Amitié forcée par le destin. Je voulais plus. Ce « plus », je l'ai trouvé au monastère : là, pour la première fois de ma vie, j'ai goûté à l'amour gratuit et désintéressé. J'en ai peu après découvert la version accomplie dans l'épître de Paul aux Corinthiens, et cet hymne à la charité est devenu mon idéal.

> « Quand je parlerais les langues des hommes et des anges, si je n'ai pas la charité, je ne suis plus qu'airain qui sonne ou cymbale qui retentit. Quand j'aurais le don de prophétie et que je connaîtrais tous les mystères et toute la science, quand j'aurais la plénitude de la foi, une foi à transporter des montagnes, si je n'ai pas la charité, je ne suis rien. Quand je distribuerais tous mes biens en aumônes, quand je livrerais mon corps aux flammes, si je n'ai pas la charité, cela ne me sert de rien. La charité est longanime ; la charité est serviable ; elle n'est pas envieuse ; la charité ne fanfaronne pas, ne se gonfle pas ; elle ne fait rien d'inconvenant, ne cherche pas son intérêt, ne s'irrite pas, ne tient pas compte du mal ; elle ne se réjouit pas de l'injustice, mais elle met sa joie dans la vérité. Elle excuse tout, croit tout, espère tout, supporte tout. La charité ne passe jamais. » (1Co 13,1-8).

Un Dieu… qui respecte notre liberté

« Notre cœur est sans repos tant qu'il ne demeure en toi. » Tant qu'il n'y demeure pas, nous ne serons jamais en paix. Et Dieu non plus. Il continuera de nous chercher et de nous ramener à lui par tous les moyens. Tous ? Presque. Dieu s'est fixé une seule limite : respecter notre liberté. S'il la violait, il se violerait lui-même. Et si nous y renoncions, nous nous renierions nous-mêmes – la liberté est inhérente à notre humaine condition et à notre vocation divine. Car si Dieu nous a créés libres à l'origine, c'est pour que nous le connaissions et l'aimions librement – « l'amour ne se paie que par l'amour », affirme saint Jean de la Croix dans son *Cantique spirituel.*

Pour assoiffé qu'il est de notre amour, ou plutôt, parce qu'il est assoiffé de notre amour, Dieu se refuse ainsi, sauf exception, à nous en mettre plein les yeux, à nous épater avec force prodiges et signes extraordinaires. Le Créateur du ciel et de la terre, de l'univers visible et invisible, s'efface, se cache, disparaît presque. Il préfère tendre la main plutôt que forcer la nôtre. Il préfère susciter en nous l'amour que nous imposer le sien. Car l'amour vrai est libre ou il n'est pas, la chose est claire.

> « Pourquoi nous regagner en forçant notre volonté par des miracles ? Contrainte pour contrainte, il eût été tellement plus facile de ne jamais nous perdre en accordant une fois pour toutes la volonté humaine à la volonté divine, comme une planète qui tourne autour de son soleil. C'est que Dieu n'a pas voulu nous faire irresponsables, je veux dire incapables d'amour, car il n'y a pas de responsabilité sans liberté et l'amour est un choix libre, ou il n'est rien[15]. »

J'ai peiné à expliquer cela à l'un de mes camarades de Sciences Po qui, à l'écoute du récit de ma conversion, m'avait lâché, goguenard : « Je suis comme saint Thomas, je ne crois que ce que je vois. Si Dieu faisait un miracle devant moi, là tout de suite, alors oui, moi aussi je croirais en lui. » Ah oui, vraiment ? Au temps du roi Hérode, tous les hommes ont-ils cru à ce Jésus de Nazareth qui guérissait des malades, purifiait des lépreux, redonnait la vue aux aveugles ou ressuscitait des morts ? « Les miracles n'ont jamais converti grand-monde, c'est Notre-Seigneur qui a pris la peine de le dire lui-même dans l'Évangile en se moquant de ceux qui lui demandaient des prodiges[16] », remarque encore Bernanos.

---

15. Georges Bernanos, *Nos amis les saints,* Arcadès Ambo éditions, 2020.
16. *Ibid.*

La délicatesse d'un Dieu qui pourrait s'imposer par la puissance, mais qui fait le choix de la discrétion et de l'humilité, de la petitesse, m'a bouleversée. Pour ne jamais oublier ce mystère inouï, j'ai voulu l'inscrire dans le terreau de ma foi naissante en choisissant, comme première lecture de mon baptême, ces versets du livre de l'Apocalypse :

> « Voici, je me tiens à la porte et je frappe ; si quelqu'un entend ma voix et ouvre la porte, j'entrerai chez lui pour souper, moi près de lui et lui près de moi » (3,20).

Dieu, tel un mendiant, frappe depuis des siècles à la porte de la liberté humaine. Il ne la force jamais, cette porte dont l'unique clenche est à l'intérieur. S'il n'entre pas, c'est que nous n'avons pas (encore) entendu sa voix. Ou que nous refusons de lui ouvrir et de le recevoir à notre table. Mais il reste là, au seuil de notre liberté, de notre cœur fermé, tel un soupirant en attente d'une ouverture, de la libre réponse de l'être aimé. « Derrière notre mur, il guette par la fenêtre, il épie par le treillis » (Ct 2,9) le moment favorable pour mendier, une nouvelle fois, notre hospitalité.

« Venez et voyez » est bien le maître-mot de Jésus. Dans l'Évangile, il n'a cessé d'inviter à la conversion et à sa suite, mais il n'y a jamais obligé personne. Il a un tel respect pour la liberté humaine qu'il laisse grand ouvert son enclos. « Je suis la porte. Si quelqu'un entre par moi, il sera sauvé ; il entrera et sortira, et trouvera un pâturage », assure le Bon Pasteur (Jn 10,9) qui ne garde pas ses brebis prisonnières de son bercail, de son amour. Son Royaume ne grandit que par attraction, jamais par contrainte : « Et moi, une fois élevé de terre, je les attirerai tous à moi » (Jn 12,32). Preuve en est qu'il s'est laissé conduire à la mort comme un agneau à l'abattoir – le Crucifié connaît, mieux que quiconque, le prix de notre liberté.

Un homme… qui s'en remet librement à Dieu

À 20 ans, j'étais le parfait enfant de mon siècle, pur produit de l'esprit mondain, de la modernité. J'étais donc extrêmement jalouse de ce que je pensais être ma liberté, jusqu'à me rebeller à la moindre atteinte, voire menace. Je me voulais autonome, indépendante, libérée de tout déterminisme et de tout lien, y compris celui de la nature, seul maître et seigneur à bord de mon existence. Et je pensais que mon bien-être résidait uniquement dans l'affirmation et l'épanouissement de mon petit moi émancipé – un moi absolu, qui ne dépendrait de rien ni de personne. L'« absolutisation de l'homme », tel est, selon Benoît XVI, la conséquence la plus terrible de la « tragique réduction anthropologique » que connaît notre époque et qui repose sur l'association entre un matérialisme hédoniste et un prométhéisme technologique : « Il s'agit d'une négation radicale de la condition de créature de l'homme et de sa condition de fils, qui finit dans une solitude dramatique[17] », décrypte-t-il.

Sur la montagne, Dieu m'a extirpée de ma solitude en me révélant ma condition de créature et de fille bien-aimée du Père, en me restaurant dans la vérité de mon être jusque-là captif du mensonge de la liberté absolue. Oui, j'ai vu « quelle manifestation d'amour le Père nous a donnée pour que nous soyons appelés enfants de Dieu. Et nous le sommes ! » (1Jn 3,1). J'ai compris que cette dépendance filiale n'était pas la soumission à un Créateur-tyran dont il fallait me libérer, mais au contraire le moyen d'entrer en relation avec mon Père du ciel et de demeurer en son amour – pour devenir ce que j'étais, retrouver mon vrai, mon singulier visage. « Ne restons pas ce que nous sommes,

17. Benoît XVI, discours aux participants à l'assemblée plénière d'un conseil pontifical « *Cor unum* », 19 janvier 2013.

mais devenons qui nous étions », conseillait le grand théologien et poète du IVe siècle, Grégoire de Nazianze.

Sur la montagne, Dieu attendait ma réponse. Comme à l'Annonciation, ce jour où, par l'intermédiaire de l'ange Gabriel, il vint quémander l'assentiment de Marie pour faire en elle sa demeure et ainsi sauver le monde, il guettait mon « oui ». J'ai l'audace de croire, avec saint Bernard, que « le Roi lui-même, Seigneur de tous, était en suspens », suspendu aux lèvres de mon cœur. Je pousse même l'audace jusqu'à remplacer le nom de Marie par le mien dans le sermon de l'abbé de Clairvaux sur les louanges de la Vierge :

> « Réponds donc vite à l'ange ! que dis-je ? réponds par l'ange au Seigneur. [...] Pourquoi tarder ? Pourquoi trembler ? Crois, parle et reçois ! [...] Ouvre ton cœur, Vierge bienheureuse, ouvre-le à la foi, ouvre tes lèvres à l'acceptation, ouvre ton sein au Créateur. Voici le Désiré de toutes les nations qui frappe à la porte. Ah ! si pendant que tu tardes il allait passer son chemin et que tu doives dans les larmes courir à la recherche de l'ami de ton âme ! Lève-toi, cours, ouvre ! Lève-toi par la foi, cours par la ferveur, ouvre-lui par ton consentement[18]. »

Par mon consentement, j'ai ouvert au Bien-Aimé. Je l'ai fait entrer dans ma vie. « À tous ceux qui l'ont accueilli, il a donné pouvoir de devenir enfants de Dieu, à ceux qui croient en son nom, eux qui ne furent engendrés ni du sang, ni d'un vouloir de chair, ni d'un vouloir d'homme, mais de Dieu » (Jn 1,12). « Et la preuve que vous êtes des fils, c'est que Dieu a envoyé dans nos cœurs l'Esprit de son Fils qui crie : Abba, Père ! » (Ga 4,6).

18. Saint Bernard de Clairvaux, *Écrits sur la Vierge Marie*, Médiaspaul, 1995.

Et j'ai dès lors pris la décision, une décision libre, de vivre dans « l'obéissance de la foi » (Rm 1,5), de m'en remettre entièrement à Celui qui m'avait révélé son bienveillant dessein. Telle est « la liberté des enfants de Dieu » à laquelle nous sommes appelés et dont parle saint Paul : une liberté qui se réalise dans la mesure où nous acceptons d'être dépendants et serviteurs de Dieu, d'abord, et les uns des autres, ensuite.

> « Vous en effet, mes frères, vous avez été appelés à la liberté ; seulement, que cette liberté ne se tourne pas en prétexte pour la chair (le « moi absolu » dans le langage paulinien) ; mais par la charité mettez-vous au service les uns des autres. Car une seule formule contient toute la Loi en sa plénitude : "Tu aimeras ton prochain comme toi-même." Mais si vous vous mordez et vous dévorez les uns les autres, prenez garde que vous allez vous entre-détruire » (Ga 5,13-15).

Saint Paul, dont les épîtres sont très vite devenues mon pain quotidien, m'a aidé à avancer dans la compréhension de cette liberté qui, paradoxalement, consiste à faire « toute pensée captive pour l'amener à obéir au Christ » (2Co 10,5), à dépendre d'un autre que soi, à servir – à faire le bien, en résumé. Elle ne s'obtient pas à la force du poignet, en un clin d'œil, ni une fois pour toutes. L'Apôtre le sait d'expérience : « Vouloir le bien est à ma portée, mais non pas l'accomplir : puisque je ne fais pas le bien que je veux et commets le mal que je ne veux pas. […] Malheureux homme que je suis ! Qui me délivrera de ce corps qui me voue à la mort ? » (Rm 7, 18-24).

Qui nous libérera de « la servitude de la corruption pour entrer dans la liberté de la gloire des enfants de Dieu » (Rm 8,21) ? L'Esprit Saint, car « là où est l'Esprit du Seigneur, là est la liberté » (2Co 3,17). Sous les motions de l'Esprit, sous sa conduite, c'est là que nous pourrons toujours mieux discerner et choisir ce qui est profitable parmi tout ce qui nous est permis. Alors nous pourrons vivre à fond notre liberté, qui est notre vocation et le lieu de notre sanctification. Alors nous pourrons dire avec saint Paul : « “Tout m’est permis”, mais tout n’est pas profitable. “Tout m’est permis”, mais je ne me laisserai, moi, dominer par rien » (1Co 6,12).

UN DIEU... QUI EST PATIENT

Trois jours. Il n’en a pas fallu plus à Dieu pour me retourner comme un gant. Du moins, c’est ce que je pensais – et racontais autour de moi ! – lorsque j’étais encore dans le feu de ma conversion. Puis, au fil des années, j’ai commencé à voir la main de Dieu dans ma vie « d’avant », à discerner ces moments où, déjà, sa grâce avait touché ma nature de manière souterraine. Alors j’ai compris, seulement après coup, que le choc de la rencontre avait été le fruit d’une longue préparation, d’une patiente maturation. Depuis ma naissance, et même dès que « je fus façonné[e] dans le secret, brodé[e] au profond de la terre », Dieu s’était penché sur moi, « mon embryon, [ses] yeux le voyaient » (Ps 139). Le Seigneur m’avait appelée « dès le sein maternel, dès les entrailles de ma mère il [avait] prononcé mon nom » (Is 49,1). Puis il m’avait travaillée au corps, discrètement, certes, mais fidèlement, jour après jour, au goutte-à-goutte, jusqu’à ce qu’enfin je l’entende et je « craque ». Et ce craquement fut spectaculaire, d’autant plus violent que je l’avais contenu longtemps – telle l’éruption d’un volcan dont la soudaineté n’est qu’apparente.

En réalité, aucune conversion n’est brutale. Saul serait-il devenu Paul si Dieu n’avait pas permis qu’il assistât à la lapidation du jeune Étienne (Ac 7,1 – 8,1) ? Si le persécuteur n’avait pas entendu le persécuté au visage d’ange prier ainsi dans son agonie : « Seigneur Jésus, reçois mon esprit », avant de fléchir les genoux et de mourir dans un grand cri : « Seigneur, ne leur impute pas ce péché » ? L'événement crucial – au sens fort –, qui fait tomber un homme de son cheval n'est soudain et imprévisible que pour lui-même et sur l'instant. Prenons André Frossard. Entré « par hasard » dans une chapelle du Quartier latin le 8 avril 1937 à 5 h 10 de l'après-midi, « sceptique et athée d'extrême gauche », « indifférent » aux choses de Dieu, il en est sorti cinq minutes plus tard catholique de la tête aux pieds, « entraîné, soulevé, repris, ressuscité par une vague de joie inextinguible ». Le fils du premier secrétaire du Parti communiste raconte ce « moment de stupeur » :

> « Je l'ai rencontré avec la stupéfaction de quelqu'un qui, après avoir tourné au coin habituel d'une habituelle rue de Paris, verrait au lieu de la place et du croisement de tous les jours une mer inattendue qui s'étend à l'infini, léchant de ses vagues les murs des maisons. Un moment de stupeur qui dure encore. Je ne me suis jamais habitué à l'existence de Dieu[19]. »

Parce que cette rencontre stupéfiante lui a semblé d'une « soudaineté imprévue », il qualifie sa conversion à 20 ans de « coup de foudre mystique ». Et pourtant, le même André Frossard reconnaît que « toute conversion est précédée d'un cheminement, conscient ou inconscient. On n'arrive pas à l'auberge d'Emmaüs par la cheminée » ! L'écrivain américain Paul Young fait parler Dieu à ce propos :

> « Il y a longtemps que je te parle, mais aujourd'hui, c'est la première fois que tu m'entends. Les fois d'avant n'ont cependant pas été perdues. Une à une, elles ont ouvert des

19. André Frossard, *Dieu existe je L'ai rencontré*, Fayard, 1976.

> fissures dans ton mur, et ces fissures, réunies en réseau, t'ont préparé à l'expérience d'aujourd'hui. Il faut se donner la peine d'amender le sol pour qu'une graine puisse y germer[20]. »

Un homme… qui entre dans le temps de Dieu

Notre Dieu est patient. « Certains l'accusent de retard, remarquait déjà l'apôtre Pierre, mais il use de patience envers [nous], voulant que personne ne périsse, mais que tous arrivent au repentir » (2P 3,9). Dieu sait qu'il faut du temps pour charmer, apprivoiser et conquérir une âme, l'arracher à sa conduite mauvaise. Et même si celle-ci s'entête à se fermer aux à-coups répétés de la grâce, le Seigneur continue. Il ne se lasse ni ne désespère jamais de l'homme – « éternel est [son] amour, il ne délaisse pas l'œuvre de [ses] mains » (Ps 138,8).

Les jeunes convertis ont cette fâcheuse tendance à vouloir précipiter l'œuvre de Dieu en eux, et surtout chez les autres. Ainsi à 20 ans, dans la joie – l'excitation devrais-je dire – d'avoir trouvé la perle rare, la source de l'eau vive, il m'était difficile, insupportable même, de voir mes proches passer à côté d'un tel trésor, ne pas *me* suivre sur le chemin qui s'était ouvert devant moi. En bref : je trépignais à l'idée qu'ils se convertissent et, si possible, de manière aussi fulgurante et radicale que moi. À ma décharge, j'avais atterri au monastère en plein Carême, temps par excellence de la conversion dont la nécessité et l'urgence éclatent comme jamais dans la liturgie. La supplication de saint Paul ne me lâchait plus, elle était devenue la mienne pour ainsi dire : « Nous vous en supplions au nom du

20. William Paul YOUNG, *La Cabane, là où la tragédie se confronte à l'éternité,* Tredaniel La Maisnie, 2009.

Christ, laissez-vous réconcilier avec Dieu » (2Co 5,20). Revenez à Lui et convertissez-vous sans attendre puisque « le temps se fait court [...] elle passe, la figure de ce monde » (1Co 7,29-31). Notre Dieu est patient, certes, mais ce n'est tout de même pas une raison pour remettre toujours à plus tard le moment de nous poser les vraies questions. D'où la pique lancée par saint Augustin aux impénitents : « Certes, si tu te convertis demain, Dieu t'accordera sa grâce, il l'a promis. Mais qui t'as promis demain ? » En saint Luc, on lit : « Insensé, cette nuit même, on va te redemander ton âme » (Lc 12,20).

Malgré tout, mon empressement n'était pas totalement ajusté, car c'était penser à la place de Dieu… Pire : lui reprocher de ne pas savoir s'y prendre ! Paul Claudel a éprouvé cette même impatience avec Jacques Rivière, alors étudiant en philosophie à la Sorbonne. Le converti de Notre-Dame n'avait qu'une hâte : que Jacques s'extirpe de ses pensées, cesse de lanterner et fasse, enfin, le grand saut de la foi. Puis l'écrivain s'en est repenti, prenant conscience que le temps de Dieu n'est pas celui de l'homme, que ses pensées ne sont pas les nôtres. « Dieu aura son heure avec vous, que ce soit la première ou la onzième : j'ai eu le tort d'être plus pressé que lui[21] », admet-il ainsi à son jeune ami.

Patron des ouvriers de la toute dernière heure, le Bon Larron est bien la preuve qu'avec Dieu, dont la miséricorde est sans limite, il n'est jamais trop tard. « Jésus, souviens-toi de moi, lorsque tu viendras avec ton royaume », s'écrie-t-il sur la croix voisine de celle du Christ, qui, aussitôt, lui répond : « En vérité, je te le dis, aujourd'hui tu seras avec moi dans le paradis » (Lc 23,42). Jusqu'à la dernière extrémité, entre le pont et l'eau, la grâce peut fondre et opérer.

---

21. Jacques Rivière et Paul Claudel, *Correspondance,* Livre de vie, 1962.

> « D'un seul coup, non seulement le larron est absous, mais il est sanctifié. La grâce en un instant sur cette carcasse dégoûtante a profité de toutes les déficiences de la vertu. Sur cette fourche infâme, ce n'est plus un scélérat qui expie, c'est un martyr en fonction d'hostie qui s'allume. L'assassin, l'impudique et le voleur, le forçat, le bandit professionnel est devenu saint… Il a suffi d'un regard entre ces paupières sanglantes pour déclencher chez l'invité de la droite ce cataclysme pénitentiel, cette résurrection mélangée à l'agonie, cette irrésistible explosion de l'Éternité[22]. »

UN DIEU… QUI PARLE DANS LE SILENCE

Le prophète Élie, fuyant la vengeance de la reine Jézabel, idolâtre de Baal, dont il a tué tous les prêtres, emprunte sous les ordres d'un ange le chemin du mont Horeb. Pendant quarante jours et quarante nuits, il marche vers la montagne sainte, sur les hauteurs de laquelle, des siècles auparavant, Dieu s'est révélé à Moïse dans le tonnerre, les éclairs, et le son de trompe (Ex 19,16-22). Parvenu au terme de son pèlerinage solitaire, Élie entre dans une grotte et y reste pour la nuit. Et voici que la parole du Seigneur lui est adressée : « Sors et tiens-toi sur la montagne devant le Seigneur. » Élie obéit, et, depuis sa cachette, se tient prêt à contempler les mêmes signes que ses ancêtres, à écouter Adonaï s'adresser à lui dans l'éclat de sa gloire. À sa prière enflammée, Dieu ne vient-il pas de faire tomber son feu sur l'autel qu'il avait érigé pour confondre les prophètes de Baal ? Mais rien ne se passe comme prévu :

> « Il y eut un grand ouragan, si fort qu'il fendait les montagnes et brisait les rochers, en avant du Seigneur, mais

22. Paul CLAUDEL, *Un poète regarde la croix*, Gallimard, 1943.

> le Seigneur n'était pas dans l'ouragan ; et après l'ouragan un tremblement de terre, mais le Seigneur n'était pas dans le tremblement de terre ; et après le tremblement de terre un feu, mais le Seigneur n'était pas dans le feu ; et après le feu, la voix d'un silence subtil » (1R 19,11-12).

Ce n'est qu'après avoir entendu « la voix d'un fin silence » – selon la traduction littérale de l'hébreu – qu'Élie se voile le visage avec son manteau et sort à la rencontre de Dieu. Et c'est alors, alors seulement, que le Dieu vivant et vrai se met à lui parler. Cette voix à la limite du silence, ce silence habité de la présence divine, a ouvert l'écoute du prophète du feu à la parole de Dieu. Alors oui, l'histoire d'Israël est riche en théophanies spectaculaires, mais Dieu aime plus que tout se manifester tout en douceur, dans l'obscurité, l'intimité d'un cœur aux aguets, attentif, en éveil et réveillé. Dans l'écrin qu'est le silence, sa Parole peut naître et surgir, devenir vivante, se faire « efficace et plus incisive qu'aucun glaive à deux tranchants » (He 4,12).

Les ascètes, les vierges et les fol-en-Christ, les moines et les moniales de tous les temps ont recherché Dieu dans le silence, dans la solitude des lieux arides ou des forêts, des montagnes ou des cellules, répondant à l'invitation du Seigneur : « Je te conduirai au désert et je parlerai à ton cœur » (Os 2,14). Une invitation d'autant plus urgente que les temps sont accomplis : « Silence devant le Seigneur Dieu, car le jour du Seigneur est proche ! » (So 1,7). Jésus lui-même a vécu quarante jours seul avec le Seul et, au cours de sa vie publique, il s'est régulièrement échappé, loin des foules et même de ses amis, pour s'enfoncer dans un cœur-à-cœur avec son Père. D'ailleurs, à ses disciples, il donne ce conseil : « Pour toi, quand tu pries, retire-toi dans ta chambre, ferme sur toi la porte, et prie ton Père qui est là, dans le secret ; et ton Père, qui voit dans le secret, te le rendra » (Mt 6,6).

Un homme… qui se tait pour écouter

En février 2008, j'ai fui Paris parce que le tumulte incessant de la capitale avait fini par m'user jusqu'à la corde, à me vider de toutes mes forces. J'avais un besoin conscient, vital, de silence. D'une journée qui, pour une fois, ne serait pas saturée de bruits, d'informations et d'écrans, de paroles et d'images, d'activités ou de mouvements. Je savais qu'un monastère pourrait m'offrir cet espace de pause et de respiration, de détente. La mode était déjà un peu aux retraites spirituelles, et j'en avais eu vent. Mais lorsque j'ai posé le pied sur la montagne, j'ai été saisie par un silence auquel je ne m'attendais pas. Un silence assourdissant, plein, éclatant, sans doute renforcé par l'épaisse couche de neige immaculée qui recouvrait le chemin jusqu'à l'hospitalité. Silence de la Création. Et ce premier choc allait ouvrir la voie à un deuxième, encore plus fort : j'étais partie pour me retrouver, et, ô surprise, j'allais trouver Dieu. Ou plutôt : Dieu lui-même allait me trouver !

Les jours suivants, en effet, le silence extérieur a peu à peu favorisé un silence plus intérieur. Le calme serein dans lequel je baignais se diffusait, descendait en moi, m'infusait et m'imprégnait doucement, lentement, jusqu'à apaiser le flot tourmenté de mes pensées et de mes sentiments. Et c'est alors que j'ai commencé à entendre, à l'intime de moi-même, cette « voix d'un fin silence » qui ébranla naguère le prophète Élie. Ce souffle ténu, presque imperceptible de Dieu, venait à moi à travers la Bible que je lisais, les sœurs que je rencontrais, la liturgie du Carême à laquelle j'assistais, la Création que je contemplais… Aux heures les plus silencieuses, la nuit surtout, ou au petit matin, j'entendais Dieu, directement, sans intermédiaire – il pouvait enfin m'adresser sa Parole, car l'oreille de mon cœur n'était plus parasitée par une multitude de fréquences différentes.

En feuilletant l'un des livres que la petite sœur m'avait prêté, j'ai pu mettre des mots sur cette expérience inédite que j'étais en train de vivre :

> « Nous ne pouvons pas trouver Dieu dans le bruit, l'agitation. Vois la nature : les arbres, les fleurs, l'herbe des champs croissent en silence ; les étoiles, la lune, le soleil se meuvent en silence. L'essentiel n'est pas ce que nous pouvons dire, mais ce que Dieu nous dit, et ce qu'Il dit à d'autres à travers nous. Dans le silence, Il nous écoute ; dans le silence, Il parle à nos âmes. Dans le silence, il nous est donné le privilège d'entendre Sa voix : silence de nos yeux. Silence de nos oreilles. Silence de nos bouches. Silence de nos esprits… dans le silence du cœur, Dieu parlera[23]. »

Dans le silence, oui, Dieu m'a parlé. « Quels conseils donneriez-vous à quelqu'un qui veut trouver Dieu ? », m'a-t-on un jour demandé. La réponse fut pour moi évidente : oser le silence. Avoir l'audace de s'extraire de la jungle de notre société hyperconnectée, le courage de s'affranchir, ne serait-ce qu'un moment, de la drogue qu'est le bruit. Cette drogue dure tranquillise et sécurise l'homme moderne, mais elle l'anesthésie et le tue à petit feu car, à force de vivre en dehors de lui-même, comme éclaté à l'extérieur, il risque de se perdre dans le tourbillon des distractions, de s'y noyer. Abba Rufus a dit : « Une eau boueuse ne se purifie pas si elle est constamment remuée. » Ou, sous la plume de saint Bernard : « Dieu ne parle pas à ceux qui se tiennent à l'extérieur d'eux-mêmes. »

Alors oui, le silence peut faire peur. Il est redoutable en vérité dans la mesure où il fait remonter ce que l'on préférerait ignorer et occulter, il fait découvrir son tohu-bohu intérieur – et, bien

23. Mère Teresa, *Il n'y a pas de plus grand amour*, JC Lattès, 1997.

souvent, son vide abyssal. Mais c'est justement là, dans ce lieu précis, à l'endroit du cœur, que Dieu est et qu'il m'attend. « La parole est tout près de toi, sur tes lèvres et dans ton cœur, entends : la parole de la foi que nous proclamons », dit saint Paul (Rm 10,8), s'appuyant sur le livre du Deutéronome : « Car cette Loi que je te prescris aujourd'hui n'est pas au-delà de tes moyens ni hors de ton atteinte. Elle n'est pas dans les cieux, qu'il te faille dire : "Qui montera pour nous aux cieux nous la chercher, que nous l'entendions pour la mettre en pratique?" Elle n'est pas au-delà des mers… » (30,11-14). Non, la Parole est tout près de nous. Le Christ est en nous. Il faut se taire pour l'écouter murmurer son amour et il faut se taire pour communier à cet amour.

Pendant quelque temps, j'ai cru que cette écoute fine ne pouvait se déployer que dans le cadre paisible et priant d'un monastère, en compagnie de religieuses dont toute la vie consiste à écouter le Verbe semer silencieusement. Dieu merci, je me trompais ! Le conditionnement, certes, peut aider, surtout au début de l'aventure spirituelle, mais même dans les villes les plus bruyantes, le silence ne nous manque pas. Il est toujours à portée de main, car le véritable désert est au-dedans de nous, dans notre être profond. L'assistante sociale d'Ivry-sur-Seine, la mystique Madeleine Delbrêl, était convaincue qu'« une journée pleine de bruits et de voix peut être une journée de silence si le bruit devient pour nous écho de la présence de Dieu ». Et inversement, « une absence de bruit qui serait vide de notre attention à la parole de Dieu ne serait pas silence ». Et de poursuivre :

> « Tous les bruits qui nous entourent font beaucoup moins de tapage que nous-mêmes. Le vrai bruit, c'est l'écho que les choses ont en nous. Ce n'est pas de parler qui rompt forcément le silence. Le silence est la place de la parole

> de Dieu et si, lorsque nous parlons, nous nous bornons à répéter cette parole, nous ne cessons pas de nous taire[24]. »

Combien y a-t-il alors de chemins vers Dieu ? « Autant qu'il y a d'êtres humains[25] ! », assurait le cardinal Joseph Ratzinger. Je dirais même plus : le chemin de chaque homme vers son Dieu est un réseau constitué d'une multitude de sentiers. Rien d'étonnant à cela, puisque l'Artisan de nos âmes, qui sait mieux que quiconque de quelle pâte nous sommes pétris, appelle chacun de manière unique et singulière. Il fait, pour ainsi dire, non pas dans le « gros », mais le « sur-mesure » : il prépare un à un les canaux dans lesquels sa grâce est le plus à même de pouvoir se déverser jusqu'à nous. Et telle est bien sa façon habituelle d'opérer, que l'on appelle « l'économie de Dieu » : il n'agit jamais seul pour attirer l'homme à lui, mais utilise toujours des médiations, à commencer par Marie, qui n'a pas volé son titre de « médiatrice de toutes grâces ».

Le Seigneur me savait en nécessité de trouver un peu de tranquillité, éreintée que j'étais par la vie estudiantine parisienne : il m'a séduite et attirée au désert, le blanc désert d'une haute montagne où le silence est Parole. Dieu me savait sensible au beau : il a déployé à mes pieds les merveilles de sa Création, et à mes oreilles, celles de la liturgie. Dieu me savait vulnérable aux manifestations d'amour gratuit : il a mis sur ma route des petites sœurs pleines d'attention et de délicatesse. Dieu me savait en quête d'absolu, d'idéal, de radicalité : il m'a fait rencontrer des témoins héroïques de sa charité. Il avait tout aligné, en somme, pour m'attraper dans son filet ! Puis il s'y est

---

24. Madeleine Delbrêl, *La sainteté des gens ordinaires,* Nouvelle Cité, 2009.
25. Cardinal Josef Ratzinger, entretien avec Peter Seewald, *Le Sel de la terre,* Flammarion/Cerf, 2005.

pris avec moi comme il le fit à l'époque avec les Israélites : « Je les menais avec des attaches humaines, avec des liens d'amour » (Os 11,3-4). Ces attaches et ces liens ont pris pour moi les traits de sœurs contemplatives. Dès mon premier séjour dans leur monastère, elles ont été instruments de ses mains. Elles ont su se faire transparence de Dieu et de la Vierge Marie pour que mes yeux – et mon cœur – ne s'arrêtent pas à elles, mais remontent au Christ, la source inépuisable de leur amour.

Ingénieux et inventif, Dieu se sert donc vraiment de tout pour ramener à lui son enfant – la beauté de la nature, la bonté de l'homme, le témoignage de foi, etc. Et même le péché : « *Etiam peccata* », écrit saint Augustin. Selon l'évêque d'Hippone, Dieu ne permettrait pas le mal si ce n'était pour en tirer un plus grand bien. « Là où le péché abonde, la grâce surabonde », résume saint Paul (Rm 5,20). Cet art consommé de tout faire concourir au bien de ceux qu'il aime forçait l'admiration de Paul Claudel :

> « C'est une chose tout de même remarquable, une espèce de preuve du talent d'impresario du bon Dieu, si je puis dire, qu'il sache se servir de tout avec un art paradoxal, […] qu'il se serve des choses les plus invraisemblables pour atteindre des résultats inattendus[26]. »

26. Paul CLAUDEL, *Mémoires improvisés,* Gallimard, 2001.

II

La conversion, aube d'une vie nouvelle

« C'était en mon cœur comme un feu dévorant,
enfermé dans mes os.
Je m'épuisais à le contenir, mais je n'ai pas pu. »
Jr 20,9

Une révolution du cœur

Si je devais identifier le déclic de ma conversion, son nœud et son ressort, je dirais que ce fut la prise de conscience saisissante, désarmante, de l'amour unique, singulier et personnel de Dieu pour moi. Et je pense qu'elle a eu lieu précisément sous la fresque de la Trinité, dans le sanctuaire du monastère. À la petite sœur qui priait à haute voix et chantait à mes côtés, le troisième soir, j'ai soudain confié : « Ma tête est enfin tombée dans mon cœur ! Ce quelque chose que je pressentais, je sais à présent que c'est Quelqu'un. Et ce Quelqu'un, c'est Dieu qui m'aime, moi, Alexia, de toute éternité. »

Paul Claudel ne dit pas autre chose lorsqu'il décrit l'« arme » dont la providence divine s'est servie à Notre-Dame de Paris, ce fameux Noël 1886, « pour atteindre et ouvrir enfin le cœur d'un pauvre enfant désespéré ». Cette arme, ce fut le sentiment d'un Dieu Vivant et Amour qui n'avait d'yeux que pour sa pauvre personne, et que Claudel traduit ainsi : « C'est vrai ! Dieu existe, Il est là. C'est quelqu'un, c'est un être aussi personnel que moi ! Il m'aime, Il m'appelle[1]. » De retour chez lui le soir même, l'écrivain prend une Bible et l'expérience continue : « C'est à moi, Paul, entre tous, qu'Il s'adressait et Il me promettait Son amour. » Les Écritures sont truffées de déclarations de tendresse folle de Dieu pour son Peuple et, à travers lui, pour chacun d'entre nous, sans exception. Elles sont comme un inépuisable carquois qui déborderait de flèches de feu toutes plus incandescentes les unes que les autres. Huit d'entre elles m'ont transpercée, un certain jour, en plein cœur. Depuis, je les manie et les caresse aussi souvent que possible, de manière à maintenir ouverte la blessure.

> « Le Seigneur fut pour moi un appui ; il m'a dégagé, mis au large, il m'a sauvé, car il m'aime » (Ps 18,19-20).
> « Ne crains pas, car je t'ai racheté, je t'ai appelé par ton nom : tu es à moi. Si tu traverses les eaux je serai avec toi, et les rivières, elles ne te submergeront pas. [...] Car tu comptes beaucoup à mes yeux, tu as du prix et je t'aime » (Is 43,1-4).
> « Une femme oublie-t-elle son petit enfant, est-elle sans pitié pour le fils de ses entrailles ? Même si les femmes oubliaient, moi, je ne t'oublierai pas. Vois, je t'ai gravée sur les paumes de mes mains » (Is 49,15-16).
> « D'un amour éternel je t'ai aimée, aussi t'ai-je maintenu ma faveur » (Jr 31,3).
> « Je te fiancerai à moi pour toujours ; je te fiancerai dans la justice et dans le droit, dans la tendresse et la miséricorde ; je te fiancerai à moi dans la fidélité, et tu connaîtras le Seigneur » (Os 2,21-22).

1. Paul CLAUDEL, *Contacts et circontances*, Gallimard, 1940.

> « Je n'ai aimé que toi de tous les peuples de la terre » (Am 3,2).
> « Le Seigneur ton Dieu est au milieu de toi, héros sauveur ! Il exultera pour toi de joie, il te renouvellera par son amour ; il dansera pour toi avec des cris de joie » (So 3,17).
> « Le Christ Jésus est venu dans le monde pour sauver les pécheurs, dont je suis, moi, le premier. Et s'il m'a fait miséricorde, c'est pour qu'en moi, le premier, Jésus Christ manifestât toute sa patience » (1Tm 1,15-16).

Aucune conversion ne se ressemble, mais chacune s'opère lorsque l'homme se laisse regarder par Jésus, tel Simon, avant son premier appel, et tel Simon-Pierre, après son reniement. Lorsqu'il cesse, enfin, de se dérober aux yeux divins qui brûlent de se fixer en lui pour lui montrer combien il l'aime – « Jésus fixa sur lui son regard et l'aima » (Mc 10,21). Et dans ce regard de miséricorde qui le perce et qui le fouille jusqu'au recoin le plus sombre de lui-même, le plus inavoué et inavouable, l'homme se découvre alors avec stupeur, et malgré tout, infiniment aimé et aimable, objet d'un amour d'élection, de prédilection et de préférence. Il est révélé à lui-même : pécheur pardonné.

Le père Pierre Jacquard ne se lassait jamais de répéter « ce grand secret » à quiconque venait le voir dans son ermitage : « Tu es l'enfant préféré du Père, le frère préféré de Jésus, et l'ami intime, le plus intime, de l'Esprit Saint. » Non seulement Dieu existe, mais j'existe pour lui. Mieux encore : je suis son préféré ! De moi et en moi, pauvre « vermisseau de Jacob » (Is 41,14), tout l'intéresse – même les cheveux sur ma tête qu'il compte un à un. Que l'Au-delà de tout puisse être en même temps le Tout-proche, voilà une révélation des plus extraordinaires. Voilà une Bonne Nouvelle capable de rendre la vie et la joie à l'enfant d'un siècle malade de son indifférence froide, de son individualisme et de son atomisation.

> « Nous ne sommes pas le produit accidentel et dépourvu de sens de l'évolution. Chacun de nous est le fruit d'une pensée de Dieu. Chacun de nous est voulu, chacun est aimé, chacun est nécessaire. Il n'y a rien de plus beau que d'être rejoints, surpris par l'Évangile, par le Christ[2] », déclarait Benoît XVI.

Saint Paul, le converti par excellence

Le Christ m'a rejointe et surprise en m'emmenant, à l'écart, sur une haute montagne. Là, j'ai vu « son visage resplendissant comme le soleil », j'ai été prise « sous l'ombre d'une nuée lumineuse » et j'ai entendu la voix du Père : « Celui-ci est mon Fils bien-aimé, qui a toute ma faveur, écoutez-le » (*cf.* Mt 17,1-8). Cette parole m'était destinée, personnellement, je l'ai reçue pour moi et pas un autre, pour moi en premier, séparément des autres – je suis la fille bien-aimée du Père. Saisie de toutes parts par la Trinité elle-même, je suis alors « tombée face contre terre », les quatre fers en l'air. Alors, comme Gilbert K. Chesterton après sa conversion : « Le monde se retourna devant moi… et se redressa. » Et c'est cela, la révolution du cœur que suscite la rencontre avec l'Amour : un retournement complet de la personne, un changement total d'orientation, tels que les disciples ont pu connaître le jour de la Transfiguration.

Saint Paul n'était pas avec les disciples sur le mont Thabor, mais lui aussi a été projeté à terre par « une lumière plus éclatante que le soleil » (Ac 26,13). Lui aussi a expérimenté, jusque dans sa chair, ce formidable renversement de perspective qu'est la conversion. La sienne est archétypale. Ce n'est d'ailleurs pas

2. BENOÎT XVI, messe inaugurale de son pontificat, 24 avril 2005.

anodin qu'il soit le seul, parmi la foule innombrable des saints, dont l'Église universelle célèbre la conversion.

Au roi Agrippa, devant lequel il comparaît, l'apôtre des nations raconte sa rencontre fulgurante avec le Christ survenue alors qu'il était en route vers Damas avec pleins pouvoirs et mission des grands prêtres pour y « combattre le nom de Jésus » :

> « En chemin, vers midi, je vis, ô roi, venant du ciel et plus éclatante que le soleil, une lumière qui resplendit autour de moi et de ceux qui m'accompagnaient. Tous nous tombâmes à terre, et j'entendis une voix qui me disait en langue hébraïque : "Saul, Saul, pourquoi me persécutes-tu ? Il est dur pour toi de regimber contre l'aiguillon." Je répondis : "Qui es-tu, Seigneur ?" Le Seigneur dit : "Je suis Jésus, que tu persécutes. Mais relève-toi et tiens-toi debout. Car voici pourquoi je te suis apparu : pour t'établir serviteur et témoin de la vision dans laquelle tu viens de me voir" » (Ac 26,12-16).

Saint Luc, qui tient la plume dans les Actes des apôtres, raconte l'événement avec force détails. Mais dans ses lettres, Paul est beaucoup plus pudique. Il va droit à l'essentiel : il a « vu Jésus, notre Seigneur » (1Co 9,1), il a été « saisi par le Christ Jésus » (Ph 3,12), Dieu « a resplendi dans "son cœur" » (2Co 4,6), il l'a « appelé par sa grâce » et a daigné lui « révéler son Fils » (Ga 1,15-16). À l'instant même de cette vision qui est une illumination, une révélation, un appel et une vocation, il est comme saisi, traversé, pénétré par Jésus en personne qui s'est révélé à lui dans toute la beauté stupéfiante de sa gloire. Là, sur-le-champ, Saul devient Paul. Il reçoit une nouvelle identité : le Christ crucifié et ressuscité.

Sur le chemin de Damas, renversé par Jésus, ébranlé par sa miséricorde, Paul change en effet radicalement : l'Israélite jusqu'à la moelle, « circoncis dès le huitième jour, de la race d'Israël, de la tribu de Benjamin, Hébreu fils d'Hébreux » (Ph 3,5), se fait chrétien ; le persécuteur de l'Église naissante pour qui l'Évangile de la croix était scandaleux, devient disciple du Crucifié dont il a versé le sang ; le pharisien zélé et irréprochable, évangélisateur des nations païennes. Seule compte désormais pour lui la vie nouvelle dans le Christ, au point qu'il considère « comme balayures tout ce qui, auparavant, constituait pour lui l'idéal le plus élevé, presque la raison d'être de son existence[3] ». Il ne cessera de le proclamer avec fougue aux communautés chrétiennes qu'il fondera ici ou là : « Pour moi, vivre, c'est le Christ » (Ph 1,21), « et ce n'est plus moi qui vis, c'est le Christ qui vit en moi. Ma vie présente dans la chair, je la vis dans la foi au Fils de Dieu qui m'a aimé et s'est livré pour moi » (Ga 2,20).

Le foudroyé par la grâce ne s'est pas arrêté dans sa lancée, il ne s'est pas reposé sur ses lauriers. Il a au contraire poursuivi sa course, avec ardeur et constance, « pour tâcher de saisir, ayant été saisi [lui-même] par le Christ Jésus ». « Oubliant le chemin parcouru », il est allé « droit de l'avant, tendu de tout [son] être », et il a couru « vers le but, en vue du prix que Dieu nous appelle à recevoir là-haut, dans le Christ Jésus » (Ph 3,13-14).

Naissance à soi-même

Dans toute conversion, qu'elle soit spectaculaire comme celle de Paul, ou plus progressive et plus diffuse, il y a un avant et

3. Benoît XVI, audience générale sur la conversion de Paul, 3 septembre 2008.

un après. Ainsi des mages venus d'Orient qui, « avertis en songe de ne point retourner chez Hérode, prirent une autre route pour rentrer dans leur pays » (Mt 2,12). Parce qu'ils avaient vu « l'Enfant avec Marie sa mère », parce qu'ils avaient reconnu en lui le Désiré des nations, ils ne pouvaient tout simplement pas retourner sur leurs pas. Dans *Jésus, simples regards sur le Sauveur*, un moine de l'Église d'Orient médite cette page d'Évangile :

> « Celui que Dieu a conduit jusqu'à la crèche peut bien rentrer chez lui, dans son pays, dans sa maison, mais ce sera par un autre chemin. C'est-à-dire que les motifs, les attitudes, la manière d'être, les moyens employés ne peuvent plus être les mêmes. Si l'on est allé à Bethléem, un changement radical intervient[4]. »

Une fois le passage accompli, il est impossible de revenir en arrière, à l'image du nouveau-né qui ne peut pas retourner dans le ventre de sa mère. Le sentiment qui m'a étreinte autour du 12 février 2008 est bien de l'ordre d'une renaissance, d'une nouvelle naissance, d'une naissance encore plus accomplie que la première, comme si tout mon être n'avait pas pu voir le jour le 16 avril 1987. Sans doute est-ce cette naissance dont parle Jésus dans son grand discours à Nicodème : « Il vous faut naître d'en-haut » (Jn 3,1-16). Ainsi, la date de ma rencontre avec le Christ m'est aussi précieuse que mon anniversaire. Chaque 12 février, je m'arrange pour retourner à la Source, à ma source, afin de remercier Dieu et lui demander la grâce d'être fidèle un jour de plus à son appel.

Mais si le converti est, en Jésus-Christ, une *« créature nouvelle »*, comme le martèle saint Paul, il commet une erreur

4. UN MOINE DE L'ÉGLISE D'ORIENT, *Jésus, simples regards sur le Sauveur*, Livre de vie, 1997.

lorsqu'il renie ce qu'il était avant. La lumière qui l'a terrassé devrait au contraire projeter un nouvel éclairage sur ce qu'il y avait de bon, de vrai et de beau dans sa vie passée. Aussi, se convertir, ce n'est pas faire table rase de son histoire, la jeter aux ordures – un écueil dans lequel peuvent tomber les convertis. D'où la remarque acerbe que Bernanos assène à Claudel, Cocteau ou Sachs :

> « Je leur reproche de ne pas comprendre toujours grand-chose à ceux dont ils ont partagé auparavant l'erreur, ce qui est d'ailleurs parfaitement naturel, car il est rare qu'un converti ne soit pas un peu converti aux dépens de quelqu'un ou de quelque chose[5]… »

C'est un point important déjà évoqué ici de nombreuses fois, mais sur lequel il est essentiel d'insister : une conversion véritable ne consiste pas à passer d'un camp à l'autre, encore moins d'un camp contre l'autre, mais à revenir à soi-même, à son moi véritable, à sa singularité radicale, à son cœur profond, à ce trésor caché sous une chape de plomb, entravé par de multiples chaînes, et qui ne demandait qu'à être libéré pour enfin respirer à l'air libre et à pleins poumons – c'est-à-dire en Dieu. « Dieu au fond d'un puits en moi qu'il faut que je déblaie pour le trouver », écrit Etty Hillesum. Ce « déblayage » exige d'abord et avant tout de faire ce que fit le fils prodigue de la parabole : il « rentra en lui-même » (Lc 15,17). D'obéir à l'injonction que Dieu adresse à Abram lorsqu'Il l'arrache de sa patrie et de sa parenté à Ur, en Chaldée. Non pas : « Va vers le pays que je t'indiquerai », comme on a coutume de le lire et de le dire, mais, selon la traduction d'André Chouraqui : « Va vers toi-même dans le pays que je t'indiquerai » (Gn 12,1). De là l'invitation formulée par saint Augustin : « Ne va pas

5. Georges Bernanos, *Nos amis les saints,* Arcadès Ambo éditions, 2020.

hors de toi, rentre en toi-même : dans l'homme intérieur habite la vérité[6]. »

Et l'on retrouve ici la question inaugurale du dialogue entre Dieu et l'Humain : « Adam, où es-tu ? » Es-tu à la surface de toi-même ou as-tu commencé à explorer tes profondeurs, à descendre en eaux profondes ? La conversion est ainsi le point de départ – et non d'arrivée – d'une aventure humaine et spirituelle où le but est d'avancer, pas à pas, dans une connaissance de soi toujours plus fine, jusqu'à trouver son point de vérité ultime, son « caillou blanc », ce nom que Dieu nous a donné avant même de nous avoir créés et que lui seul connaît :

> « Celui qui a des oreilles, qu'il entende ce que l'Esprit dit aux Églises : au vainqueur, je donnerai de la manne cachée et je lui donnerai aussi un caillou blanc, un caillou portant gravé un nom nouveau que nul ne connaît, hormis celui qui le reçoit » (Ap 2,17).

« Il faut toujours redescendre du Thabor »

Je me suis réveillée de mon incroyance comme d'un long sommeil, en m'écriant, avec Jacob le patriarche : « En vérité, le Seigneur est en ce lieu et je ne le savais pas ! Que ce lieu est redoutable ! Ce n'est rien de moins qu'une maison de Dieu et la porte du ciel ! » (Gn 28,16-17). Comme Pierre le jour de la Transfiguration, j'ai donc proposé à Jésus de planter ma tente sur « mon Thabor ». « Seigneur, il est heureux que nous soyons ici »… alors restons-y. Pour toujours. Je ne voulais pas quitter cette montagne ni cet état où tout mon être était traversé par

6. Saint Augustin, *La vraie religion,* Via Romana, 2010.

la joie. J'ai d'ailleurs annulé mon billet de train pour prolonger d'une semaine un séjour qui ne devait durer que quatre jours.

Voyant clair en moi, la prieure du monastère eut cette parole : « Il faut toujours redescendre du Thabor. » Je ne devais pas m'accrocher à ce que je venais de vivre, mettre la main sur le cadeau immense qui venait de m'être fait. Jésus avait déchiré les cieux pour moi, non pas pour que j'y reste, dans un *nirvana* bien illusoire, mais pour que je retourne dans le monde, illuminée, revigorée, fortifiée de sa présence.

> « Et maintenant, ô Pierre, toi qui désirais demeurer sur la montagne de la Transfiguration, il faut descendre ; toi qui voulais demeurer dans ce doux repos, il faut prêcher, exhorter, reprendre à temps et à contretemps ; il faut travailler, suer, souffrir ; il faut que par ton travail accompli dans la charité, tu établisses en ton âme cette blancheur et cette beauté qui apparaissent dans les vêtements de ton maître[7] », commente Augustin.

Alors je suis descendue du Thabor, les yeux encore brûlés de la gloire de Jésus que j'avais entraperçue et qui, je le savais à présent, m'était destinée. L'aventure commençait, et j'allais bientôt découvrir, de manière très concrète, douloureuse parfois, que le mot « conversion » a deux sens. Il y a, d'une part, la *metanoïa* qui évoque un retournement intérieur – je venais de le vivre. Et, d'autre part, l'*epistrophê,* qui suggère un retour à l'origine, une remontée à la source – et ce mouvement-là, de révolution de la conduite et du comportement, est un mouvement perpétuel.

---

7. Saint AUGUSTIN, sermon LXXVIII 6.

L'œuvre de toute une vie

La conversion ne se réduit pas au moment décisif où tout a basculé. Loin d'être acquise une fois pour toutes, elle est le labeur de toute une vie. La pense-t-on achevée qu'en réalité on n'a pas même mis le pied à l'étrier. Un Père du désert le fit un jour comprendre à ses frères venus lui demander une parole de sagesse avant qu'il meure. Et le vieux moine de leur répondre : « Comment dirai-je une parole, moi qui n'ai pas encore achevé de me convertir ? » Sur ce, il mourut, incarnant l'apophtegme d'un autre moine des solitudes, Abba Poemen : « Il y a une voix qui crie à l'homme jusqu'à son dernier souffle : "Aujourd'hui, convertis-toi." »

Ce changement de vie qu'implique le retour à Dieu est d'abord une œuvre divine. À tous les « comment » que l'homme désemparé se pose, la réponse est toujours la même, celle de l'ange Gabriel à la Vierge de l'Annonciation : « Comment... ? L'Esprit Saint viendra sur toi et te couvrira de son ombre » (Lc 1,26-38). Avec les mots des prophètes de l'Ancien Testament, nous devons constamment supplier Dieu de venir transformer nos cœurs de pierre en cœurs de chair (Ez 36,26), les transfigurer, les configurer à son cœur à lui. « Convertis-nous, Seigneur, et nous nous convertirons » (Jr 31,18). « Fais-nous revenir à toi, Seigneur, et nous reviendrons » (Lm 5,21).

Nous pouvons et nous devons miser sur la grâce surabondante de Dieu, plus efficace et plus puissante que nos petites forces humaines. Mais attention à ne pas réduire la miséricorde en une « grâce à bon marché », selon l'expression du pasteur Dietrich Bonhoeffer. Certes, Dieu est à ce point « lent à la colère et plein d'amour » qu'il n'est jamais trop tard pour revenir à lui. Cependant, il n'est pas bon de jouer avec sa patience et, bien souvent, sa longanimité a bon dos. Nous avons, nous aussi, à coopérer à l'œuvre du salut, puisque Dieu nous a sauvés sans porter atteinte à notre liberté. « Dieu nous a créés sans nous, il n'a pas voulu nous sauver sans nous », dit saint Augustin.

« Les conversions sont toujours l'effet moins d'une grande victoire consommée que d'une longue série de tout petits efforts réussis. Toute la machine qui marchait dans un sens, il faut lui apprendre un autre sens[8] », écrit ainsi Paul Claudel à Jacques Rivière qui craint que la foi ne soit une facilité. Sous la plume de l'écrivain, ce ne sont pas de belles et vaines paroles. En sortant de la cathédrale de Paris, Claudel sait que rien ne sera plus comme avant. Mais tout en n'étant plus le même homme, il est pour ainsi dire resté le même. Sa vie ancienne lui paraît clairement révolue, mais il ne tient pas encore en main la nouvelle.

> « Au sortir de Notre-Dame, mes convictions philosophiques étaient entières. Dieu les avait laissées dédaigneusement où elles étaient, je ne voyais rien à y changer, la religion catholique me paraissait toujours le même trésor d'anecdotes absurdes, ses prêtres et les fidèles m'inspiraient la même aversion qui allait jusqu'à la haine et jusqu'au dégoût. L'édifice de mes opinions et de mes connaissances restait debout et je n'y voyais aucun défaut. Il était seulement arrivé que j'en étais sorti. [...] Ce qui était le plus répugnant à mes opinions et à mes goûts, c'est cela pourtant qui était vrai, c'est cela dont il fallait, bon gré, mal gré, que je m'accommodasse[9] ! »

Pendant quatre ans, Claudel a « résisté » – « J'ose dire que je fis une belle défense et que la lutte fut loyale et complète », ajoute-t-il. Pendant quatre ans, il s'est laissé transformer, « bon

---

8. Jacques Rivière et Paul Claudel, *Correspondance,* Livre de vie, 1962.
9. Paul Claudel, *Contacts et circonstances,* Gallimard, 1940.

gré, mal gré », comme il l'admet, « par le renouvellement de l'intelligence », qu'évoque saint Paul aux Romains, et qui seul donne de « discerner quelle est la volonté de Dieu, ce qui est bon, agréable et parfait » (12,2). À n'en pas douter, cette sainte lutte pour donner au Christ chacune des fibres de son être, des pieds à la tête, s'est prolongée jusqu'à sa mort. Il n'est qu'à lire cette autre missive qu'il adresse au même Rivière :

> « Il y a un passage de votre lettre qui m'a fait rire. C'est celui où vous me dites que vous craignez de trouver dans la religion la fin de la recherche de la lutte. Ah ! cher ami, le jour où vous aurez reçu Dieu en vous, vous aurez l'hôte qui ne vous laissera point de repos. "Je ne suis point venu apporter la paix mais le glaive." Ce sera le grand ferment qui fait éclater tous les vases, ce sera la lutte, la lutte contre les passions, la lutte contre les ténèbres de l'esprit, non point celle où l'on est vaincu, mais celle-là où l'on est vainqueur[10]. »

Il n'est pas ici question d'une victoire par soi-même, mais sur soi-même et par l'Esprit Saint à qui nous nous livrons. Choisir Dieu et la Vie, se détourner du péché et de la mort, abattre une à une ses idoles, requiert de la force d'âme, de la persévérance, et là est le vrai, le bon combat, celui de la foi. Saint Paul parle même d'un « pugilat », d'une bataille intérieure, redoutable et jusqu'au sang, entre le pécheur qui ne veut pas mourir et la « créature nouvelle » qui peine à naître. Il y revient souvent dans ses lettres qu'il remet aux jeunes communautés chrétiennes, et donc à nous aussi :

> « Il vous faut abandonner votre premier genre de vie et dépouiller le vieil homme, qui va se corrompant au fil des

10. Jacques Rivière et Paul Claudel, *Correspondance,* Livre de vie, 1962.

> convoitises décevantes, pour vous renouveler par une transformation spirituelle de votre jugement et revêtir l'Homme Nouveau, qui a été créé selon Dieu, dans la justice et la sainteté de la vérité » (Ép 4,22-24).

Ce dépouillement est en réalité une crucifixion. Car comment pourrions-nous revêtir « l'Homme Nouveau », c'est-à-dire le Ressuscité, c'est-à-dire vivre pleinement avec le Christ, sans d'abord clouer notre vieil homme sur le bois de la croix, sans d'abord mourir pleinement au péché ? Certes, le jour de notre baptême, nous nous sommes dépouillés de notre vieil homme avec ses agissements, et nous avons revêtu le nouveau, « celui qui s'achemine vers la vraie connaissance en se renouvelant à l'image de son Créateur » (Col 3,10). Mais ce n'est qu'à la mesure où nous crucifions notre « homme extérieur » que notre « homme intérieur » peut se renouveler, se fortifier et devenir « un même être avec le Christ » (Rm 6,5). Un autre Christ. Cette mue, cette mutation, que dis-je ? cette Pâque, cet accouchement ne se fait pas sans douleurs. « Nous le savons en effet, toute la Création jusqu'à ce jour gémit en travail d'enfantement. Et non pas elle seule : nous-mêmes qui possédons les prémices de l'Esprit, nous gémissons nous aussi intérieurement dans l'attente de la rédemption de notre corps » (Rm 8,22-23).

« Lui reste fidèle »

À ceux qui se confient en lui, Dieu n'épargne aucun malheur, aucune épreuve. Il donne seulement de les traverser en lui, dans cette « espérance qui ne déçoit point » et qui est son amour même, « répandu dans nos cœurs par le Saint-Esprit qui nous fut donné » (Rm 5,5). Je peux en témoigner : la vie chrétienne n'est pas un long fleuve tranquille. Ces douze dernières années n'ont point été de tout repos. Je ne ferai pas ici le récit de mes

« gémissements », préférant laisser voler la fauvette d'Auxerre, la poétesse Marie Noël, sœur des « âmes troublées » :

> « Toute vie n'est qu'une lutte pied à pied avec le mauvais quart d'heure. Courage ! Triomphe de cette maladie… et de cette autre encore. Surmonte cette épreuve, et encore cette autre, et encore, et encore cette autre. Sors de cet abîme, courage ! Cramponne-toi à ces ronces, à ces racines, gravis, saigne, atteins ce faîte, monte à ce calme ! Courage ! Sauve ton corps, sauve ton esprit, sauve ta lumière. Sauve ! Sauve ! Sauve ! Victoire ! Victoires sur victoires ! Mais le mauvais quart d'heure aura le dernier mot. Quel sera le premier mot de l'Éternité[11] ? »

J'ai eu des hauts et des bas avec Jésus, des moments de plus ou moins grande intimité – c'est le lot de toute relation. Parfois même, le temps béni et heureux où le Seigneur m'avait séduite et où je m'étais laissée séduire, où il m'avait maîtrisée, où il avait été le plus fort (*cf.* Jr 20,7), ce temps-là de la passion me paraissait fort loin – un rêve, une autre vie. Gagnée par le découragement ou par la lassitude, rattrapée par mon vieil homme qui s'était décloué de la croix et reprenait de la vigueur, je me disais comme le prophète Jérémie : « Je ne penserai plus à lui, je ne parlerai plus en son Nom. » Je voulais extirper pour de bon le trésor que je portais dans le vase d'argile de ma misérable personne, et ainsi mettre fin à cette tension insupportable entre la lumière et les ténèbres, entre la grâce et le péché, entre le Christ et l'Adversaire – à cette bataille spirituelle qui étendait ses lignes jusqu'à l'intime de moi-même. Mais comme Jérémie, je finissais toujours par arriver à ce constat : « C'était en mon cœur comme un feu dévorant, enfermé dans mes os. Je m'épuisais à le contenir, mais je n'ai pas pu » (Jr 20,9).

11. Marie Noël, *Notes intimes*, Stock, 1984.

Je n'ai jamais pu me dérober à Dieu, même quand je me sentais définitivement indigne de son amour, même lorsque je me prostituais comme l'infidèle Israël. « Si nous sommes infidèles, lui reste fidèle, car il ne peut se renier lui-même », (2Tm 2,13). S'il me rejette, il se rejette, il s'ampute d'une partie de lui-même, car je suis l'un des membres de son corps. Quelle espérance ! Je ne serai jamais perdue, car jamais abandonnée. Je peux être pressée de toute part, mais non pas écrasée, ne sachant qu'espérer, mais non désespérée, terrassée, mais non annihilée (2Co 4,8-9). Rien ne peut vraiment me faire de mal, car je suis au Christ et le Christ est à Dieu et à lui la victoire est acquise.

Dès que ma foi défaille et ma confiance avec, dès que m'assaille le doute à l'endroit même de l'amour, je relis le chapitre 8 de l'épître aux Romains et mon ami Paul parvient toujours à me revigorer. Mieux que quiconque, il sait comment me remettre debout et me convaincre d'empoigner à nouveau « le bouclier de la foi » et le « glaive de l'Esprit ».

> « Si Dieu est pour nous, qui sera contre nous ? Lui qui n'a pas épargné son propre Fils mais l'a livré pour nous tous, comment avec lui ne nous accordera-t-il pas toute faveur ? Qui se fera l'accusateur de ceux que Dieu a élus ? C'est Dieu qui justifie. Qui donc condamnera ? Le Christ Jésus, celui qui est mort, que dis-je ? ressuscité, qui est à la droite de Dieu, qui intercède pour nous ? Qui nous séparera de l'amour du Christ ? La tribulation, l'angoisse, la persécution, la faim, la nudité, les périls, le glaive ? Selon le mot de l'Écriture : *À cause de toi, l'on nous met à mort tout le long du jour ; nous avons passé pour des brebis d'abattoir.* Mais en tout cela nous sommes les grands vainqueurs par celui qui nous a aimés. Oui, j'en ai l'assurance, ni mort ni vie, ni anges ni principautés, ni présent ni avenir, ni puissances, ni hauteur ni profondeur, ni aucune autre créature ne

> pourra nous séparer de l'amour de Dieu manifesté dans le Christ Jésus notre Seigneur » (Rm 8,31-39).

L'inquiétude plutôt que la satisfaction

Il y a le choc de la rencontre, l'irruption de Dieu dans sa vie, l'instant précis où le ciel s'ouvre aux yeux du converti. Et ce moment de fulgurance est formidable, délicieux ; j'en ai souvent la nostalgie. Mais tout reste à faire et à construire. Si l'on est sur la bonne route, celle du Christ, encore faut-il se relever à chaque chute, et marcher, avancer. Ne pas s'endormir en chemin, ou se livrer à la paresse, s'installer dans la facilité et le confort spirituels, dans cette mollesse qui fait dire à Péguy : « Il y a bien pire qu'une âme en mauvais état, c'est une âme toute faite. Il y a bien pire qu'une âme même perverse, c'est une âme habituée[12]. »

Rien de plus mensonger, en effet, ni de plus dangereux pour un converti, que de penser être passé du bon côté de la barrière en se disant : « Ouf, me voilà chrétien ! » Ou en se levant, en s'élevant avec le pharisien de la parabole pour rendre grâce à Dieu de n'être pas « comme le reste des hommes, qui sont rapaces, injustes, adultères » (Lc 18,11). Être satisfait de soi-même, je crois qu'il n'y a rien de plus terrible, surtout en matière de foi et de religion. C'est la pente douce et glissante qui mène tout droit à la tiédeur et à la médiocrité – et lorsque l'on s'y vautre sans même le savoir, ou, plus terrible encore, en se revêtant des habits de la vertu et de la piété, le blasphème n'est pas loin. Dans l'Apocalypse, à travers la voix de saint Jean, le Seigneur adresse ces vifs reproches aux fidèles de Laodicée :

---

12. Charles Péguy, *Sur Bergson*, Presses universitaires de Paris Ouest, 2020.

> « Je connais ta conduite : tu n'es ni froid ni chaud – que n'es-tu l'un ou l'autre ! Ainsi, puisque te voilà tiède, ni chaud ni froid, je vais te vomir de ma bouche. Tu t'imagines : me voilà riche, je me suis enrichi et je n'ai besoin de rien ; mais tu ne le vois donc pas : c'est toi qui es malheureux, pitoyable, pauvre, aveugle et nu ! » (Ap 3,17-18).

En cela, je ne veux pas être une « bonne catholique », bien au chaud dans ses certitudes, rassurée et tranquille parce qu'en règle, délivrée de l'angoisse et du doute parce que fidèle aux observances. Cette sorte de satiété spirituelle est mortelle – on peut mourir de ne plus avoir faim. Cocher les cases ne suffit pas, sauf à être un légaliste, sauf à s'accrocher aux signes de la foi, sauf à se croire sauvé par la seule confession de la vraie foi. Le pharisien, s'il est doué, peut certes parvenir à tromper son monde, mais Dieu, lui, n'est jamais dupe, car *« l'homme regarde à l'apparence, mais le Seigneur regarde au cœur »* (1S 16,7). Il sonde les reins. Il perce de loin les pensées et le petit jeu des hypocrites qui l'honorent des lèvres, mais dont le cœur est loin de lui (Mc 7,8), qui proclament son Nom, mais ne vivent pas en lui. Avec ceux qui sclérosent et stérilisent l'Évangile en le suivant à la lettre, une lettre morte, Jésus est implacable :

> « Malheur à vous, scribes et pharisiens hypocrites, qui ressemblez à des sépulcres blanchis : au-dehors ils ont belle apparence, mais au-dedans ils sont pleins d'ossements de morts et de toute pourriture ; vous de même, au-dehors vous offrez aux yeux des hommes l'apparence de justes, mais au-dedans vous êtes pleins d'hypocrisie et d'iniquité » (Mt 23,27-28).

À la satisfaction, je préfère l'inquiétude – même si celle-ci est des plus inconfortables. Je préfère, comme l'écrit Marie Noël, « trembler comme une chandelle vacillante entre deux mondes », livrée au souffle impétueux de l'Esprit, que m'arrimer de toutes mes forces à de fausses sécurités. Fût-ce au prix d'erreurs et d'errances. Fût-ce au risque de me perdre. Tel est le prix de la liberté. L'orgueil spirituel, dont je me méfie comme de la peste – et pour cause : elle m'a déjà rongée –, défigure non seulement le prétendu chrétien, mais aussi le Christ et son Église. Marie Noël avait ce drame bien en vue :

> « Il y a dans le catholique un être satisfait, supérieur – celui qui possède la vérité – plein de sécurité et de certitude. S'il s'incline vers l'autre pensée – il s'incline – c'est pour la sauver, c'est-à-dire la circonvenir, la séduire, la gagner à Dieu. Elle n'est pour lui qu'un objet de compassion ou de conquête. Il l'aime par miséricorde. Il la méprise par foi. Aucun échange possible. Un catholique donne. Il ne reçoit pas. C'est en quoi je suis mal catholique[13]. »

Une aventure solidaire, non solitaire

J'ai rencontré Dieu. Certaines nuits, j'ai comme vu son visage, entendu sa voix, senti son regard d'amour posé sur moi, expérimenté sa présence. C'était physique, charnel. Jusque dans ma chair, le Seigneur me visitait et me revisitait. J'étais en prise directe avec lui. Mais l'aurais-je été si, en même temps, il n'empruntait pas des médiations humaines pour me rejoindre ? Si, en même temps, il ne se révélait pas à moi à travers des êtres de chair et de sang, des intermédiaires sensibles et même invisibles ? Si le mouvement intime de mon âme vers lui ne s'appuyait pas sur des personnes consacrées, ne se nourrissait pas d'une présence d'Église, ne s'insérait pas dans une

13. Marie Noël, *Notes intimes*, Stock, 1984.

communauté ? La conversion au Christ est une aventure à la fois personnelle et communautaire, intime et ecclésiale.

Oui, j'en suis absolument convaincue, le feu de ma conversion eût été de paille si j'étais restée seule à maintenir la flamme. Depuis douze ans, les sœurs l'attisent avec moi de leur souffle, et non pas elles seulement, mais l'Église entière et le Christ à travers sa Parole incandescente et les sacrements. Au « que devons-nous faire ? » des frères transpercés par l'annonce de la mort et de la résurrection du Christ, Pierre, ivre de Dieu le jour de la Pentecôte, répond : « Convertissez-vous, et que chacun de vous se fasse baptiser au nom de Jésus-Christ pour la rémission de ses péchés, et vous recevrez alors le don du Saint-Esprit » (Ac 2,38). Ainsi ai-je reçu le baptême et la première communion le 6 septembre 2008, sur la montagne qui m'avait vu naître à la foi.

Ce jour-là, je suis comme entrée de plain-pied dans une nouvelle famille. Je ne parle pas seulement de la famille monastique qui m'a accueillie, ni de la famille qu'est l'Église visible, mais de l'invisible, celle de la terre comme du ciel, dont la Vierge est la Mère et dont Dieu seul connaît les frontières. Je parle de cette communion des saints et des pécheurs que Bernanos décrit :

> « La communion des saints… Lequel d'entre nous est sûr de lui appartenir ? Et s'il a ce bonheur, quel rôle y joue-t-il ? Quels sont les riches et les pauvres de cette étonnante communauté ? Ceux qui donnent et ceux qui reçoivent ? Que de surprises ! Tel vénérable chanoine pieusement décédé, dont le *Bulletin diocésain* aura fait l'éloge pompeux, dans le style particulier à ces publications, ne risque-t-il pas d'apprendre, par exemple, qu'il a dû sa vocation et son salut à quelque incrédule notoire, secrètement harcelé par

> l'angoisse religieuse, et auquel Dieu avait incompréhensiblement refusé les consolations mais non les mérites de la foi ? (Tu ne me chercherais pas si tu ne m'avais déjà trouvé.) Oh ! Rien ne paraît mieux réglé, plus strictement ordonné, hiérarchisé, équilibré que la vie extérieure de l'Église. Mais sa vie intérieure déborde des prodigieuses libertés, on voudrait presque dire des extravagances de l'Esprit – l'Esprit qui souffle où il veut[14]. »

Nous ne pouvons pas comprendre la céleste mécanique à l'œuvre dans l'âme du converti si nous restons prisonniers d'une conception individualiste de la personne. *Nul n'est une île,* selon le titre d'un traité spirituel du moine trappiste Thomas Merton tiré d'un texte du poète John Donne :

> « Nul n'est une île, un tout en soi ; chaque homme est part du continent, part du large [...]. La mort de tout homme me diminue parce que je suis membre du genre humain. Aussi n'envoie jamais demander pour qui sonne le glas : il sonne pour toi[15]. »

Nous sommes liés les uns aux autres, jamais solitaires, mais solidaires, pour le meilleur et pour le pire, dans le bien comme dans le mal. Ce qui donne dans le langage paulinien : « Un membre souffre-t-il ? Tous les membres souffrent avec lui. Un membre est-il à l'honneur ? Tous les membres se réjouissent avec lui. Or vous êtes, vous, le corps du Christ, et membres chacun pour sa part » (1Co 12,26-27). Il faut lire, là encore, Bernanos, lui qui a écrit à merveille sur ce mystère fondamental du christianisme. Écoutons, par exemple, l'incroyant des *Grands Cimetières sous la lune* :

14. Georges Bernanos, *La liberté pour quoi faire ?,* Folio, 2017.
15. Cité par Thomas Merton dans *Nul n'est une île,* Points, 1993.

> « Nous ne répondons, nous, que de nos actes et de leurs conséquences matérielles. La solidarité qui vous lie aux autres hommes est d'une espèce bien supérieure. Il me semble que ce don de la foi qui vous est départi, loin de vous émanciper, vous lie à eux par des liens plus étroits que ceux du sang et de la race. Vous êtes le sel de la terre. Lorsque le monde s'affadit, à qui voulez-vous que je m'en prenne ? Il est vain de vous prévaloir des mérites de vos saints puisque vous n'êtes d'abord que les intendants de ces biens. Nous entendons souvent les meilleurs d'entre vous proclamer avec fierté qu'ils ne doivent rien à personne. De telles paroles n'ont absolument aucun sens dans votre bouche, car vous devez littéralement à tout le monde, à chacun de nous, à moi-même[16]. »

Je dois en effet « littéralement à tout le monde » d'être devenue chrétienne, et je n'entrerai pas, dès ici-bas, et encore moins là-haut, dans le Royaume en solitaire. Dès aujourd'hui, j'y entre (et en sors aussi bien souvent…) avec une foule innombrable d'hommes et de femmes à qui mon destin est lié.

De la conversion à la mission

« Tout ce qui n'est pas donné est perdu », répétait le jésuite Pierre Ceyrac. Il en va ainsi du trésor de la foi. Le chrétien, et *a fortiori* le converti, qui voudrait le garder pour lui, par négligence ou par frilosité, par timidité, par honte ou par peur, finira tôt ou tard par le perdre – cet or fin lui glissera entre les doigts tel du sable froid. Quant à lui, il aura cru en vain, et deviendra ce figuier stérile maudit par le Seigneur. Car celui-ci a été on ne peut plus clair, particulièrement avant de monter vers son Père,

16. Georges BERNANOS, *Les Grands Cimetières sous la lune*, Points, 2014.

en donnant aux Onze cet ultime commandement : « Allez donc, de toutes les nations faites des disciples, les baptisant au nom du Père et du Fils et du Saint-Esprit, et leur apprenant à observer tout ce que je vous ai prescrit » (Mt 28,19-20).

L'évangélisation est l'identité profonde de tout disciple du Christ, son ADN, sa grâce et sa vocation. Ce qu'Ananie révèle à Paul avant de lui administrer le baptême nous concerne tous en réalité : « Le Dieu de nos pères t'a prédestiné à connaître sa volonté, à voir le Juste et à entendre la voix sortie de sa bouche ; car pour lui tu dois être témoin devant tous les hommes de ce que tu as vu et entendu » (Ac 22,14-15). Pourquoi le Verbe de vie se laisse-t-il un jour entendre, voir, contempler et toucher par une personne ? Pour que celle-ci rende témoignage à la vérité. « Ce que nous avons vu et entendu, nous vous l'annonçons, afin que vous aussi soyez en communion avec nous », écrit saint Jean au début de sa première lettre (1Jn 1,1-3). Autrement dit, Dieu ne nous convertit pas pour nous-mêmes, pour notre bonne sainteté personnelle, mais pour le salut du monde. S'il nous met à part, c'est « pour annoncer l'Évangile de Dieu » (Rm 1,1) à tous nos frères.

L'un des critères qui vérifie l'authenticité d'une conversion est peut-être ce besoin irrépressible de la partager, cette passion de la transmettre. Saint Paul, le converti par excellence, est donc aussi le missionnaire, l'apôtre par excellence : la grâce de Dieu à son égard « n'a pas été stérile », le reconnaît-il lui-même (1Co 15,10). Il s'est en effet tué à la mission « pour en sauver à tout prix quelques-uns » (1Co 9,22), car il était pressé par l'amour du Christ, hanté par la pensée que, « si un seul est mort pour tous, alors tous sont morts. Et il est mort pour tous, afin que les vivants ne vivent plus pour eux-mêmes, mais pour celui qui est mort et ressuscité pour eux » (2Co 5,14-15). Il n'a reculé devant rien ni personne pour porter la Bonne Nouvelle du salut en Jésus-Christ aux nations païennes. « Annoncer l'Évangile n'est pas pour moi un titre de gloire; c'est une nécessité qui m'incombe. Oui, malheur à moi si je n'annonçais pas l'Évangile! » (1Co 9,16).

Et malheur à nous si nous en rougissons en nous cachant derrière de faux alibis. Non, la foi n'est pas une opinion subjective destinée à rester dans le secret de notre sphère privée. Non, le Nom du Christ n'est pas à taire dans un silence gêné ni son enseignement à édulcorer pour ne pas choquer ou déplaire. Certes, il n'est pas question d'imposer notre foi à la conscience de nos frères, mais de la dire, de la proposer, de l'offrir comme un cadeau qu'ils pourront, librement, refuser. J'insiste : témoigner de Celui qui nous fait vivre n'est en rien une atteinte à la laïcité ou du prosélytisme. Il s'agit non seulement d'un droit garanti par la liberté religieuse, mais aussi d'une condition de celle-ci. Si tout homme a la liberté de ne pas croire, il l'a aussi de croire. Or, comment pourrait-il croire si personne ne lui annonce la Bonne Nouvelle? Saint Paul l'explique selon une logique imparable aux chrétiens de Rome :

> « Quiconque invoquera le nom du Seigneur sera sauvé. Mais comment l'invoquer sans d'abord croire en lui? Et comment croire sans d'abord l'entendre? Et comment entendre sans prédicateur? Et comment prêcher sans être d'abord envoyé? Selon le mot de l'Écriture : Qu'ils sont beaux les pieds des messagers de bonnes nouvelles! » (Rm 10,13-15).

Nous devons être ces joyeux et intrépides messagers de l'Évangile de la joie, quitte à mettre les pieds dans le plat, quitte à déranger, et, dans ce domaine, les convertis excellent. Ils ont un côté « décomplexé », car ils sont droits dans leurs bottes, celles du Christ. À titre personnel, je n'ai jamais eu peur d'attester de ma foi, d'affirmer que Jésus est notre Sauveur, de témoigner de Celui auquel j'appartiens et dont le signe de la victoire est tatoué sur mon poignet – sa croix. Dès que je m'attiédis, j'entends l'apôtre des nations m'adjurer devant Dieu et devant le Christ avec la même vigueur dont il fit preuve à l'égard de Timothée :

> « Proclame la parole, insiste à temps et à contretemps, réfute, menace, exhorte, avec une patience inlassable et le souci d'instruire. Car un temps viendra où les hommes ne supporteront plus la sainte doctrine, mais au contraire, au gré de leurs passions et l'oreille les démangeant, ils se donneront des maîtres en quantité et détourneront l'oreille de la vérité pour se tourner vers les fables » (2Tm 4,1-4).

Ce temps est indéniablement venu. Et l'urgence de la mission directe n'en est que plus pressante. En cela, je rejoins le fougueux Léon Bloy, converti jusqu'à l'excès peut-être, lorsqu'il fustige l'affadissement de l'Évangile, qui est une trahison :

> « Pour subsister, le christianisme se fit agréable, huileux et tiède. Silencieusement, il se coula par le trou des serrures, s'infiltra dans les boiseries, obtint d'être utilisé comme essence onctueuse pour donner du jeu aux institutions et devint ainsi un condiment subalterne, que tout cuisinier politique put employer ou rejeter à sa convenance[17]. »

Léon Bloy, justement, est un bel exemple de la responsabilité qui incombe au converti : propager le feu que Jésus a jeté sur la terre de son cœur, avec la conviction qu'une seule étincelle peut provoquer un immense incendie. Jadis poussé vers Dieu par son idole Barbey d'Aurevilly, le vieil écrivain a de fait entraîné dans son élan nombre d'âmes en recherche. Parmi elles, Jacques et

17. Léon Bloy, *Le Désespéré*, Flammarion, 2010.

Raïssa, les désespérés du Jardin des plantes, dont il deviendra le parrain. À leur tour, les Maritain, dans leur maison de Meudon ouverte à tous dans les années 1920 et 1930, ont permis à une foule d'artistes, d'écrivains et d'intellectuels de faire un premier pas vers Dieu. Ainsi de Jean Cocteau, de Marc et Bella Chagall, de Julien Green, de Jean Hugo, d'Éric Satie, de Georges Rouault ou du portraitiste russo-polonais Alex Rzewuski. La liste des convertis de Meudon est longue, et certains d'entre eux ont pris la relève et allumé d'autres foyers avec la torche de leur foi brûlante.

Je ne pense pas être de la trempe de ces « convertis convertisseurs ». Il serait d'ailleurs incongru et déplacé de tenir un tableau de chasse – ce serait tirer orgueil de la grâce ! Mais j'ai tout de même la joie d'avoir laissé Dieu passer à travers moi jusqu'à atteindre ma sœur de quatre ans mon aînée dont je suis la marraine de baptême.

En guise de conclusion de cette première partie, ou plutôt d'interlude avant d'entrer dans la deuxième, je laisse la parole à Madeleine Delbrêl. En 1943, elle écrit un texte, tristement prophétique, intitulé *Missionnaires sans bateau*. Mais peut-être n'est-il pas trop tard pour inverser la tendance. Telle est du moins mon espérance.

> « Nous savons que dans les bateaux de Bordeaux, de Marseille ou du Havre les missionnaires partiront vers des peuples à sauver. Nous pensons qu'ils doivent partir, et que nous, nous devons rester, qu'ils sont appelés et que nous ne sommes pas appelés ; qu'ils doivent prendre leurs bateaux et que nous devons lire, au coin du feu, les annales des missions étrangères. [...] Nous qui sur les quais agitons des mouchoirs pour dire adieu à ceux qui partent, nous ignorons que nous sommes embarqués sur le plus grand

bateau du monde : le Bateau Église. Les voiles bombent sous des tempêtes de grâces, le bateau accoste des terres sans croix : assis en rond au fond de la cale, nous discutons de ce qui se passe sur les deux mètres carrés qui sont nôtres. Apprenons que le Seigneur vient en nous comme sur un chemin qui le conduit à d'autres. Apprenons que recevoir le Seigneur en vérité, c'est le transmettre [...]. Livrons-nous à la grâce du réveil. Les fils de marin s'ennuient de la mer. Que surgissent en nous la nostalgie des lieux où l'on n'est pas chrétien, l'obsession des routes qui y conduisent.
Seigneur, chacun de nous est à l'une de vos frontières. En chacun de nous doit se faire votre croissance et non pas ailleurs. Chacun de nous est le sable que doit traverser votre source pour aller plus loin ; le bois brûlé que doit traverser votre feu pour atteindre un autre bois ; la fenêtre par laquelle votre lumière entre dans la maison.
Missionnaires sans bateau, réveillés de notre torpeur, vers quelle terre sans Dieu irons-nous, par quelle route, avec quel message ? [...]
Un jour, ce pays [la France] que nous nous plaisons à appeler prédestiné dira, lui aussi : "Dieu est mort". Et nous l'aurons laissé mourir. Peut-être parce que nous n'aurons pas vu dans la France "une terre de Mission", nous n'aurons pas pensé à missionner : qui dans les champs, qui dans son village, qui dans son quartier. Les communautés humaines attendaient leurs apôtres : ces apôtres, c'était nous, et nous avons compté sur d'autres[18]. »

18. Madeleine Delbrêl, *Missionnaires sans bateau, les racines de la mission*, Parole et Silence, 2000.

Deuxième partie

Galerie de portraits

Geneviève Gallois

Geneviève Gallois
l'artiste en robe de bure
(1888-1962)

À 21 ans, Marcelle monte à Paris où son père la confie à son ami Adolphe Willette. Le célèbre illustrateur est aussitôt conquis par les talents de la jeune fille, artiste et esprit rebelles, si bien qu'il l'entraîne sur la même voie que lui : le dessin satirique. Ce genre pictural lui est aussi familier que l'académisme des Beaux-Arts lui était étranger – son maître, à Montpellier, l'avait tout de même mise à la porte pour indiscipline... Munie de petits carnets, Marcelle l'impitoyable se promène dans les rues de la capitale, et mord et griffe les gens à pleines dents et à pleines mines de ses crayons. Tout le monde y passe. Son verbe et son trait, incisifs, acérés, font fureur et des ravages, et lui valent d'être vite comparée à Toulouse-Lautrec et reconnue dans le milieu des caricaturistes – bientôt, elle exposera dans différents lieux, dont le Salon des dessinateurs humoristiques.

À l'approche de Noël 1909, la directrice de la pension de famille où réside Marcelle propose aux étudiantes d'assister à la messe de minuit chez les Bénédictines de la rue Monsieur : « Une curiosité de Paris, il faut connaître ça », se dit-elle. Le monastère est en effet un étonnant bouillon de foi et de culture qui rend l'adresse fameuse au-delà même du cercle des écrivains catholiques et du huis clos des fervents – il faut dire que les moniales chantent à merveille la liturgie grégorienne. Le converti Joris-Karl Huysmans a lancé le mouvement, et il n'est pas rare de le retrouver dans la chapelle en compagnie de Jacques Maritain, François Mauriac, Ernest Psichari ou François Coppée. Marcelle, loin d'être très pieuse comme sa mère, mais au contraire très athée comme son père adulé, cède à la curiosité. Le premier contact avec le couvent est pour le moins… peu concluant. Ainsi le racontera-t-elle dans le récit de sa conversion :

> « On s'assied dans la chapelle. Qu'est-ce que c'est que la Messe ? Je n'en sais rien. Et les Matines ? Encore moins. Et les autres en sont au même point. Au bout de quelque temps, une heure peut-être, les unes dorment, les autres trouvent que c'est long. Si on s'en allait vers le réveillon ? Et l'on s'en fut. Dieu est patient. »

Dieu est patient, certes, mais il n'attend pas les bras croisés ni même en croix. Il travaille. Et de fait, à partir de ce Noël insolite, Marcelle est travaillée par lui. « J'avais besoin de tourner autour de Dieu, ne fût-ce que pour m'en moquer », avouera-t-elle. La moquerie est aisée tant cette époque, lui semble-t-il (elle le verbalisera plus tard), a caricaturé Dieu en « pourvoyeur de nos commodités » et en « exécuteur de nos conceptions », mettant ainsi « la religion les pieds en l'air et la face contre terre », la réduisant en une vulgaire affaire de sociologie, de morale et de bien-être à taille humaine. D'où les « bigoteries » et autres « bondieuseries » de ces hommes et de ces femmes atteints par ce que Marcelle estime être la « maladie des bien-pensants », à savoir : la médiocrité. Elle l'a en horreur. En aversion. Elle lui dédie une parodie de prière récitée par un curé ridicule au pied duquel sont assis de bedonnants fidèles – ce dessin féroce est lapidairement intitulé *Médiocrité* :

> « Médiocrité, reine du monde, protégez-nous contre les courants d'air de bonté qui passent quelquefois sur le

> monde. Tassez nos cœurs afin que rien n'y remue. Préservez-nous de la vérité. Ainsi soit-il ! »

Elle écrit ailleurs que « les bien-pensants sont les ennemis irréductibles du Christ et de la religion ; c'est le monde pharisien qui a donné une définitive entorse à la vérité pour ne pas être obligé de la suivre ». Anticléricale et ecclésiophobe furibarde, pourfendeuse du « catholiquement correct », Marcelle est bien la fille de son père, qui se plaît lui aussi à épingler les bigots. Mais, ce faisant, et sans le savoir, elle se rapproche du vrai Dieu…

De la moquerie au désespoir

Avec les années, sa verve se teinte de compassion. Son trait s'adoucit. Il mord toujours, mais peut-être moins férocement. Dans une lettre qu'elle adresse à une amie juste avant la guerre, Marcelle a perdu un peu de son sel :

> « Ce qu'il en est passé de vieilles femmes ! Tordues par-ci, tordues par-là, claudiquant, les mains croisées sur le ventre, la tête de côté, le ventre en avant. J'ai attrapé ce que j'ai pu de croquis. Mais il me semble que je ne m'en moque plus et que c'est plutôt de la pitié qu'il faut avoir pour toutes les pauvres créatures plus ou moins mal adaptées à la vie, et que la vie déforme et rend bossues, comme un tas de casseroles en fer-blanc entassées dans un coffre. »

Le coffre devient caveau à partir de 1914. Si les horreurs de la guerre lui font prendre davantage en pitié la misère des hommes, Marcelle supporte encore moins la médiocrité dans laquelle certains se vautrent. Celle-ci l'écœure jusqu'au désespoir, à la désespérance, jusqu'à la tentation du suicide. Elle se sent à l'étroit, elle suffoque, elle étouffe dans le bas monde. Elle traverse sa saison en enfer. Quel est donc le sens de cette vie dont elle saisit et croque l'absurde et le vil à tous les coins de rue et dans chaque caniveau ? Y en a-t-il un seulement ? Ou bien l'homme est-il condamné au néant ? La « charbonnière », comme on l'avait surnommée aux Beaux-Arts, a soif de lumière.

Un certain jour de 1914, le Vendredi saint – le sait-elle seulement ? –, Marcelle retourne rue Monsieur. En pénétrant dans l'obscure chapelle, elle est accueillie par une « présence spirituelle » et sent « un choc au cœur » :

> « J'arrivai donc pendant un Office que je sus plus tard être les Ténèbres. Une mélopée, une plainte lamentable, un hululement de douleur émergeait des grilles comme d'un abîme, comme l'appel désespéré d'une vie enfouie très profond, très profond en dessous de la vie concrète. C'était la douleur du Christ qui clamait par la voix de Jérémie, je l'appris ensuite. »

Marcelle est « saisie, transpercée, tordue » par le chant des impropères, ces reproches que le Christ adresse à son peuple qui va le crucifier, peuple bien ingrat, bien peu reconnaissant pour les merveilles d'amour qu'il a déployées pour lui :

> « Ô mon peuple, que t'ai-je fait ? En quoi t'ai-je contristé ? Réponds-moi ! Moi, j'ai pour toi frappé l'Égypte, j'ai fait mourir ses premiers-nés ; toi, tu m'as livré, flagellé ! [...] Moi, dans ta main j'ai mis le sceptre, je t'ai promu peuple royal ; toi, tu m'as placé sur ma tête la couronne d'épines ! Moi, je t'ai exalté par ma toute-puissance ; toi, tu m'as pendu au gibet de la Croix ! »

« Peut-on passer tranquille et continuer sa vie à côté d'une pareille douleur ? », s'interroge-t-elle. Non, impossible. Et la jeune femme de revenir pour chaque office des jours saints. Portée par « une avide curiosité », elle se rend même aux conférences liturgiques sur la Semaine sainte délivrées par dom Besse – « pour la première fois, je voyais un moine (j'en croyais la race disparue avec le Moyen Âge) ». L'homme lui fait forte impression : « Voilà qui il me faut pour me tirer d'affaire. »

« Pauvre guenille désemparée », Marcelle se place dès lors sous la direction de ce « monument de foi » qu'est à ses yeux le bénédictin. Le dialogue est serré puisque l'enjeu est de taille : « Il s'agissait pour moi de trouver Dieu, et pour lui de m'aider à le trouver. » Car une chose est d'avoir l'intuition de Dieu, une autre est de s'enraciner en lui. Or « ses racines », confesse Marcelle, ballottent encore « dans le vide, en attendant leur terrain ». C'est à cette œuvre de labour, de déblayage, d'enracinement – de « conversion du bâtiment » – que les deux s'attellent énergiquement. « Mon Père, je n'arriverai jamais à la foi, se lamente-t-elle un jour. — Si, ce désir de la foi, c'est déjà la foi : Dieu achèvera son œuvre en vous. »

Marcelle a 25 ou 26 ans. Sa vie d'avant la dégoûte. Mais elle ne tient pas encore en main la nouvelle. Ne pouvant plus travailler à son dessin, elle échoue de plus en plus fréquemment dans la chapelle de la rue Monsieur, comme attirée par un aimant – par un Amant, par un Amour qui se révèle à elle progressivement et dans un jeu de cache-cache ou de clair-obscur. Un de ces jours où elle est affalée sur sa chaise, elle pose ses yeux rétifs sur le tabernacle en se disant : « Je ne pourrai jamais croire que Dieu est là-dedans. » Et là, stupeur, de cette petite boîte qu'elle pense vide fuse aussitôt une réponse, aussi intérieure que distincte : « Je suis l'Unique Réalité ; une Réalité telle que toutes les autres réalités sont sans consistance à côté de Celle-là. » La révélation est magistrale – la foi de Marcelle en la présence réelle, scellée –, mais elle ne signe pas pour autant la « fin de [son] labeur de taupe », de sa « laborieuse ascension » – un « esprit faussé, reconnaît-elle, cela ne se redresse pas en cinq minutes » !

Vient le temps de l'Avent et de l'attente. Du recueillement. Marcelle est plus que jamais assidue à la liturgie qui réveille et « le germe divin de [son] lointain baptême » et son âme « au fond de [son] pétrin » :

> « On chantait à la Bénédiction, le *Rorate*. Et quelle voix chantait ça ! Ce n'était pas un pieux gazouillis de demoiselle. Ah non ! C'était une tornade qui balayait tout, on avait idée de se raccrocher à quelque pilier pour n'être pas emporté. »

La jeune femme ne se raccroche à rien ni à personne. Elle n'est définitivement pas de ceux qui « trouvent moyen de se caler dans les coins, n'ayant de poumons que pour les atmosphères de placard et de sous-sol ; qui [...] croupissent là, contents et béats, caparaçonnés contre Dieu ». Au contraire, elle se livre au « grand souffle » de la liturgie qui « balaie pédagogie, bigoteries et bondieuseries ». La tornade se fait plus violente encore le jour de l'Immaculée Conception et, surtout, à Noël, nuit sacrée où la liturgie « enfante » à ses yeux le mystère de l'Incarnation. Marcelle est « déchirée par la révolution intérieure qui va d'un pas accéléré ». Celle-ci culmine au moment de la messe... Elle comprend alors que la beauté de l'Œuvre liturgique est l'expression même de Dieu, de l'absolu.

« Je sentais un abîme entre cette beauté et moi, et plus je l'aimais, plus la torture de cette séparation devenait intolérable. Comment la posséder ? » La réponse à cette question, la seule qui la tenaille désormais, s'impose à elle avec la force de l'évidence : il lui faut rejoindre l'Ordre de saint Benoît. Mais cette perspective l'effraie au plus haut point ! L'esprit rebelle lutte un temps contre l'appel, essaie tant bien que mal de contenir sa puissance et, n'y pouvant plus, finit par céder. Elle s'en ouvre alors à dom Besse et c'est au tour du bénédictin de s'opposer à l'idée folle : « Non. Contentez-vous d'être oblate », lui rétorque-t-il, lapidaire. D'abord soulagée par ce refus, Marcelle est vite rattrapée par son irrésistible et radical attrait : « Mon Père, être oblate ou rien, ça m'est tout un. Il faut que je sois religieuse. » Et dom Besse de s'incliner devant ce qui lui semble être la volonté de Dieu – trois années tumultueuses se sont écoulées depuis leur premier dialogue, en 1914. La future religieuse peut alors danser « la sarabande du prisonnier qu'on délivre » !

La nouvelle de son entrée imminente en religion, tellement incongrue pour qui la connaît un peu, fait éclat... Ses amis artistes parient sur une passion passagère. « Quand elle sera là-dedans, elle vivra pendant deux ans sur son propre fonds ; ensuite elle deviendra folle », prédit l'un d'eux. Son père, lui, est outré, en colère, il ne lui pardonnera jamais, non pas tant de croire en Dieu, que de gâcher son génie, de dilapider son talent, en se claquemurant dans un couvent. Le cœur de sa fille jusque-là si chérie en sera à jamais transpercé de douleur.

Traversée du désert

Le 21 septembre 1917, Marcelle quitte le monde et « pique une tête dans l'inconnu » en franchissant la porte de clôture de la rue Monsieur. « Je vous suivrai, Seigneur, conduisez-moi. Je ne serai pas une religieuse de camelote et de bazar ! », lui promet-elle. L'anarchiste se soumet à la Règle, l'esprit indépendant s'enfouit dans l'obéissance, la caricaturiste renommée s'efface derrière la religieuse cachée. Une chose ne bouge pas : son goût de l'absolu et, comme une conséquence logique, son horreur de la médiocrité – « Je tremble en écrivant ce mot effroyable pire que le mot Crime ; mot et chose devant laquelle Satan lui-même reste étonné, car lui-même n'a pas su atteindre ce degré dans le mal ». Mais parce que les moniales sont pétries de la même pâte humaine, grumeleuse à souhait, les petites mesquineries, compromis et autres accommodements ne manquent pas au monastère. Ils sont même accentués – par la promiscuité, le silence, le dépouillement, par la réduction des horizons et des relations.

Rentrée chez les Bénédictines presque la fleur au fusil, Marcelle déchante donc vite, et son postulat n'en est que plus décapant. Un vrai chemin de croix où elle se casse « le nez à tous les cailloux », s'égare « à chaque tournant » et avance « tout en zigzag, comme les ivrognes ». En 1918, elle note dans son carnet :

> « Mon Dieu, il n'y a qu'une réalité, c'est vous. Sur la terre, nous avons cette unique réalité dans tout ce qui est beauté, ou de la nature ou de l'art. Là je vous trouve, mon Dieu, mais dans le ratatinement de la vie, je ne vous trouve pas. Je ne vous trouve pas dans les niaiseries pieuses qui vous défigurent, dans les petits devoirs, les petites raclures de vertu, les petits résidus de sacrifices, les petites épluchures d'amour, dans les petites humilités bouffies de vanité, dans ce rétrécissement de tout et de vous-même. »

La volcanique s'évertue à calmer sa lave fulminante, à écraser ses élans, ses passions et ses talents en se plaçant, comme elle l'écrit, « une pierre tombale sur la tête ». Mais toujours aussi entière, elle ne parvient pas à mettre la langue dans la poche de son habit qu'elle reçoit le 20 mars 1918 en même temps qu'un nouveau nom : sœur Geneviève. Ses consœurs en font les frais, qui peinent à accepter un tel caractère par trop bien trempé et tranchant ! Même à l'atelier d'ornements liturgiques où elle essaie de brider sa créativité « entre les griffes de cette malheureuse » mère Emmanuel – la responsable –, on lui moque son coup de crayon.

Plus elle se sent rejetée, jalousée, incomprise, plus elle se montre impitoyable envers ses consœurs et incapable de contenir sa colère. Chassez le naturel, il revient au galop ! Si bien que, année après année, la communauté ainsi mise à rude épreuve lui refuse de faire profession. Elle en souffre, et l'exprime avec sa verve de caricaturiste, comme dans ce coup de griffe qu'elle assène en 1929, après avoir essuyé son… neuvième refus :

> « Vous voyez que je n'en peux plus, toujours écrasée comme un caillou. Dans un engrenage. […] Étant propre à tout, sauf à faire profession – et pour une bonne partie des autres, c'est le contraire : elles ne sont bonnes qu'à dire des mots et ensuite à se faire la plus commode des vies bourgeoises. […] Et je suis exclue de la profession parce que je ne leur ressemble pas. »

La postulante est « serrée dans un étau », laminée par la souffrance qu'elle s'inflige aussi elle-même. Car, selon celle qui ne fait jamais dans la nuance ou la demi-mesure, « la présence de Dieu c'est l'angoisse de la nature ». Et tout l'enjeu de la vie religieuse consiste pour elle à « se laisser détruire pour laisser vivre Dieu ». À se laisser « piler par lui », « écharper », « ronger par cette destruction » qu'Il opère au fond de l'âme et à laquelle il faut consentir passivement comme « une pauvreté bête rouée de coups ». Sœur Geneviève s'acharne tout autant à crucifier sa nature qu'à demander de prononcer ses vœux. Tenace, têtue, opiniâtre, elle tient bon, au risque, croit-elle, de devenir folle. Peut-être le serait-elle devenue si un certain homme – un ange ? – n'allait pas bientôt tomber du ciel.

Rencontre providentielle

Les Bénédictines doivent quitter la rue Monsieur – le décret d'expulsion est tombé. Il leur faut donc commencer à récolter les fonds nécessaires pour construire leur nouveau monastère, à Limon, dans la commune de Vauhallan, en Essonne. D'où l'idée d'organiser une kermesse en décembre 1931. Le 13, un paroissien s'extasie devant des scènes de la vie de sainte Jeanne d'Arc. Il s'agit d'une série dessinée à l'encre délavée sur un vulgaire carton, et destinée non à la vente, mais à la confection de broderies liturgiques. Cet homme, c'est le docteur Paul Alexandre, un amateur d'art qui a quelques faits d'armes, dont celui d'avoir révélé Modigliani. Enthousiaste, subjugué par tant de génie, il s'enquiert aussitôt de l'identité de la main au bout du crayon. Mère Emmanuel, des plus perplexes – elle a toujours regardé l'originale d'un mauvais œil – lui répond : « Oh, c'est une sœur de bien mauvais caractère. » Il insiste, il veut absolument rencontrer cette drôle de religieuse dont on lui dit le comportement imprévisible et sauvage… en vain. Il obtient tout de même quelques entorses à la Règle : la sœur – qu'il soupçonne d'être « déséquilibrée » ! – est autorisée à satisfaire ses commandes.

Commence alors une singulière amitié, artistique et spirituelle, entre le peintre et son mécène. L'échange se noue et se nourrit d'abord silencieusement, par dessins interposés. Mais même dans le silence, les fruits sont immenses puisque les encouragements du docteur Alexandre sont comme une libération pour sœur Geneviève : « Votre opinion a fait poids et soulevé la lourde opposition qui m'écrasait », lui expliquera-t-elle quelques années plus tard. Oui, ainsi encouragée et valorisée – à ses propres yeux comme à ceux de ses consœurs – elle fait sauter la « pierre tombale » qui étouffait en elle l'artiste. Elle use à nouveau de ces talents artistiques qu'elle avait retranchés derrière l'exigence de la « Réalité unique et éternelle ». Elle laisse jaillir cette puissance créatrice qu'elle s'acharnait à museler et qu'elle décrira ainsi dans *La vie du petit saint Placide,* un traité de vie intérieure publié en janvier 1954 qui fera sa renommée dans le grand public – elle y raconte avec humour et force douceur l'itinéraire spirituel de l'un des premiers compagnons de saint Benoît (le sien, en réalité) :

> « Il y a en moi un mystère énorme qui m'accapare, une Vie, Essence de vie, où je bois ma plénitude ; une houle qui renverse, comme un tank, les théories fabriquées ; et qui veut se parler, se clamer, et qui trouve sa forme par la vitalité même de son jaillissement. Voilà mon art. »

Voilà son art, sa foi, sa vie. Voilà son langage, sa musique, sa manière à elle d'exprimer la vérité de Dieu et d'en vivre. Parce que désormais elle marche, pour ainsi dire, sur ses deux jambes – de consacrée et d'artiste –, sœur Geneviève sort de son trou et avance sur le chemin de la perfection chrétienne d'un pas plus léger et plus joyeux. Elle a trouvé son équilibre en Dieu. Son unité.

Le 14 mai 1939, à 51 ans, elle prononce enfin ses vœux perpétuels – comme quoi, la patience obtient tout. Le jour est doublement festif et inespéré puisque « M. le Docteur » assiste à la cérémonie ; c'est la première fois que les deux amis se rencontrent. Paul Alexandre n'est pas venu les bras vides, mais chargés d'une belle presse à graver. Mère (et non plus sœur) Geneviève apprivoise avec peine et, surtout, avec passion, « l'énorme chose apocalyptique » qu'elle a baptisée « Sandra » (diminutif féminisé du prénom de son bienfaiteur). Ensemble, elles vont faire des prodiges – à commencer par un chemin de croix – et ce, malgré les restrictions de la guerre qui jette bientôt toute la communauté sur les routes de l'exode. Les sœurs trouvent refuge dans le couvent des religieuses de La Molle, près de Montauban, où elles vivent simplement et hors clôture pendant près d'un an. Temps heureux et fécond pour l'artiste religieuse qui se plaît à croquer leur vie en plein air.

À partir de 1942, et de retour au monastère, les choses deviennent sérieuses. Mère Geneviève est déchargée des tâches quotidiennes pour se consacrer à « son travail » (elle ne parlera jamais de son « œuvre », même lorsqu'elle sera connue jusqu'aux États-Unis). Celui-ci est colossal : le cher Docteur lui a commandé, il y a déjà quelque temps, une série de 157 dessins sur la vie conventuelle pour habiller les murs de son hôpital militaire, au château de Vaux, en Indre-et-Loire. Jusqu'en 1949, et avec des moyens de fortune, elle mettra toute sa foi et tout son art à les réaliser. Son credo artistique ? Le « plongeon au fond de l'âme », et rien de moins.

La vie chez les captifs volontaires. Le monastère – c'est le titre – est un reportage en clôture d'un réalisme saisissant, une plongée en eaux profondes dans le quotidien des moniales. Celles-ci s'y reconnaissent avec un enthousiasme… mitigé : il n'est jamais très agréable de se voir pointer du doigt et du crayon ses travers à convertir ! Le reporter, soucieux de rendre compte de toutes les facettes de son sujet, ne donne pas seulement à voir les lieux et les activités « nobles » – la liturgie des heures, des matines à complies, ou la messe, qui est « la réalité des réalités » – mais également « les besognes basses et abjectes » : l'entretien du jardin et des écuries, la chasse aux toiles d'araignée, les corvées de cuisine, les travaux de buanderie ou de cordonnerie…

Mère Geneviève ferait-elle dans l'anecdotique ou le pittoresque ? Voudrait-elle assouvir la curiosité des gens du monde qui se demandent bien à quoi les bonnes sœurs peuvent passer leur journée ? Certes non ! Sa démarche, elle insiste, n'est pas celle d'une artiste – encore moins d'une journaliste –, mais d'une « religieuse qui utilise son don pour témoigner ». De quoi précisément ? De Dieu partout et toujours présent. Du mystère de l'Incarnation à l'œuvre dans l'humble quotidien et qui se donne à vivre du matin au soir et du soir au matin, pour peu que chaque acte, même le plus banal, soit sous-tendu par un « nez à nez avec Dieu, au fond de soi-même ». Autrement dit : « l'Office divin ne connaît pas d'interruption ».

> « J'ai des permissions pour représenter le travail matériel, parce qu'il n'y a pas une occupation de cette vie monastique qui puisse être mise de côté, comme ne comptant pas. Sous ces formes variées, c'est un même acte, aussi grand sous une forme que sous une autre », écrit-elle à une amie, en 1943.

Pour quasiment chacune des scènes, mère Geneviève allie le choc des dessins avec le poids des mots. Sous sa plume caustique, le trivial devient ainsi spirituel, le prosaïque, mystique. Et tout, dans l'épaisseur de la nature et dans le réel le plus ordinaire, devient matière à un enseignement spirituel, surnaturel. Ainsi place-t-elle en commentaire de *Lecture au réfectoire* : « La Sainte Règle dit : qu'on observe un complet silence à table, et qu'on n'y entende ni chuchotement ni parole, mais seulement la voix du lecteur. Hélas ! pauvre silence ! il surviendra dans notre vie quand l'amour-propre s'en retirera, c'est-à-dire un quart d'heure après la mort. » « Et dire que si Adam n'avait pas péché, il n'y aurait pas autant de poussière sous les meubles ! », soupire la sœur au balai. « Moi si on venait me dire : le jugement dernier, c'est pour dans une demi-heure, j'continuerais d'brûler mon café… Parce que tout ce que l'on fait dans la journée est agréable à Dieu, pourvu naturellement que ça soit comme il faut. Tout est à Dieu, tout regarde Dieu, tout se fait… », médite la sœur préposée au café. « Le cliquetis de la vaisselle. Le mouvement tournant. Je tourne avec. En voilà une vie contemplative », s'étonne la novice tout en vaquant à son affaire. Quelle drôle de vie, en effet, que celle-ci ! Avec mère Geneviève, on peut légitimement s'interroger :

> « Pourquoi est-on heureux dans la vie religieuse ? Est-ce parce qu'on est délivré de la condition humaine et de sa progéniture de misères et de travaux ? Eh non ! Serait-ce parce que l'on plane au-dessus ? Qu'on cire les souliers comme des anges ? Qu'on écosse les pois comme des chérubins ? Eh non ! On vivote sa petite vie peineuse. Mais sous ces pauvres travaux est un lac de joie, qui boit à la Source de joie que vous avez enfantée au monde. *O causa nostræ lætitiæ.* »

La joie explose dans ces lignes. Où est donc passée la moniale un brin janséniste dont toute l'occupation, dans les années 1930, était de « se laisser détruire par la souffrance » ? Elle est toujours debout au pied de la croix, accrochée d'une main au Serviteur souffrant et de l'autre à la Mère des douleurs – la série de ses dix-huit eaux-fortes *Via Crucis*, qui sera éditée en 1951 et que les Américains férus d'art sacré s'arracheront, en témoigne. Mais, désormais, son regard est fixé sur le visage en fête du Ressuscité, son cœur traversé, habité, dilaté par la Résurrection. La vie religieuse ne lui apparaît plus comme un épouvantable purgatoire, mais bien plutôt comme l'antichambre du ciel.

La conversion à l'abandon

Cette véritable résurrection, que l'on peut qualifier de seconde conversion, s'est amorcée en mars 1943, lors d'une retraite prêchée par un moine de la Pierre-qui-Vire, une abbaye bénédictine nichée dans la forêt du Morvan. Mère Geneviève a alors découvert, émerveillée, la petite voie de l'abandon :

> « Simplifier. Confiance en Dieu. Abandon – lui laisser le soin de ma sanctification, ne pas vouloir prendre le naturel d'une main et le surnaturel de l'autre pour les séparer », note-t-elle dans son carnet de retraite.

Découverte libératrice, « tournant de [sa] vie spirituelle », qui lui donne l'impression « de sortir comme d'un cachot », de se voir enlever une fois pour toutes cette « pierre tombale » qu'elle avait sur la tête et qui s'était déjà un peu levée quand elle s'était remise à créer. Après 26 ans d'une vie religieuse « ardue et douloureuse », mère Geneviève doit « s'adapter à ce nouveau mode de vie » où Dieu ne se trouve plus à la force du poignet ou à coups de cisaille dans la nature, où le Royaume ne se gagne pas mais se reçoit :

> « Je remarque que le Seigneur insiste beaucoup plus sur la contemplation, l'abandon, l'amour, la joie, que sur la lutte directe contre soi. Il en détourne plutôt. Je m'étais acharnée à résoudre moi-même les problèmes, Dieu seul le peut. [...] Tout l'être n'est qu'un jeu devant Dieu : le jeu qui consiste à livrer à Dieu toutes les possibilités de l'être dans leur parfait exercice – Joie – finies les luttes de la vie spirituelle – joie de tout l'être, sans lutte. Dieu applaudit. »

À partir de là, ses écrits seront de plus en plus truffés d'images et d'expressions qui disent la remise complète de soi à Dieu à la manière du nourrisson qui s'abandonne dans les bras de sa mère. Mère Geneviève « barbote » et « clapote en Dieu comme dans un bain », elle « s'emmitoufle dans la prière », elle tient « la bouche ouverte » pour recevoir « la bouillie » qu'est l'oraison, elle « se gave de Dieu en attendant la Vision », elle écoute « les cajoleries d'un Père très tendre » et se laisse choyer par la « tendresse de Maman-nounou » ! Ainsi redevient-elle comme le petit enfant à qui seul le Royaume est promis. Ainsi avance-t-elle à pas de géant sur « la voie de la confiance en la miséricorde de Dieu toute gratuite ».

Cette conversion à l'abandon confiant et souriant transparaît évidemment dans son travail. Elle est palpable dans sa *Vie du petit saint Placide.* Ses dessins y sont aussi savoureux que ses commentaires, d'une merveilleuse légèreté et profondeur. Un exemple :

> Le moinillon « se met à courir la voie des préceptes de Dieu avec une ineffable douceur d'amour. Le cul-de-jatte issu du péché originel saute maintenant sur ses pieds. Tout le cassé est rabouté ; tout le démanché est remboîté. Petit Placide retrouve l'intégrité de son être ; une joie immense se soulève ; il bondit dans sa cellule. »

Au début de ces années 1950, l'abbaye de Limon est encore un chantier – la communauté est toujours en transit à Meudon depuis son départ de la rue Monsieur. Pour l'avancer et enfin l'achever, toutes les sœurs doivent retrousser leurs manches. Qui se chargera donc de réaliser les vitraux de l'église en béton gris glacé ? Les yeux de la mère Abbesse ne peuvent s'empêcher de se tourner vers l'artiste en robe de bure… et, justement, au même moment, le docteur Paul Alexandre a l'intuition que sa protégée est de la trempe des plus grands maîtres-verriers, qu'elle pourrait même faire renaître cet art ! Qu'importe si elle n'y connaît rien – elle a bien su s'improviser graveur et sculpteur, sans trop de difficulté et avec beaucoup de talent.

L'idée enthousiasme mère Geneviève qui va d'abord s'entraîner en confectionnant les vitraux de l'église du Petit-Appeville, près de Dieppe. Puis avec deux moniales comme fidèles acolytes, elle se lance dans l'œuvre immense de Limon, prenant tout en charge, de la conception à la fabrication. Sa santé décline à vue d'œil, elle est percluse de douleurs et épuisée, mais cela ne l'empêche pas de bûcher comme une brute. Son carburant ? La joie profonde dont elle fait chaque jour davantage l'expérience intime. Elle est comme l'enfant Jésus de son « Vitrail de la liturgie » qu'elle commente ainsi : « Il est tout jubilant et, dans sa joie, ses petits pieds frétillent. “Tiens-toi tranquille”, dit tout bas la Sainte Vierge. Rien à faire. Il est trop heureux. Et il frétille de plus belle. » Et c'est ce jaillissement de jubilation divine qu'elle voudrait exprimer, communiquer, transmettre par tous les pores de ses vitraux. Elle les façonne et les contemple comme un « frétillement du monde surnaturel ».

> « Il y a des gens qui croient que, pour que l'art et la piété soient authentiques, il faut qu'ils soient crétins et tannants, écrit-elle à une amie. Non, non, c'est joie ; c'est libre commerce de l'âme avec Dieu, source de joie. [...] Que Dieu m'accorde de partir comme cela. »

En octobre 1958, alors qu'elle pressent la fin toute proche, mère Geneviève achève de peindre « Celui qui chante la joie de mourir ». À Paul Alexandre, elle écrit : « Ne vous attendez pas à voir une demoiselle mystique : sa face toute ronde rutile d'une joie trépidante. » À n'en pas douter, elle est elle-même cette moniale jubilante, tout sourire, escortée au paradis par des anges morts de rire. Et, à n'en pas douter, c'est ainsi qu'elle est montée au ciel, le 19 octobre 1962, dix jours après avoir finalisé son dernier vitrail.

Époux Rugamba

Daphrose (1944-1994) et Cyprien Rugamba (1935-1994) martyrs de l'unité

Le 6 avril 1994, en début de soirée, le Falcon 50 qui ramène de Tanzanie le président Juvénal Habyarimana est abattu par des missiles alors qu'il s'apprêtait à atterrir à Kigali. Une poignée d'heures plus tard, les tueries commencent dans la capitale rwandaise : la chasse aux Tutsis et aux Hutus modérés est ouverte. Avertis par le bruit de coups de fusil, les fondateurs de la communauté de l'Emmanuel au Rwanda, Cyprien et Daphrose Rugamba, se précipitent dans leur garage transformé en chapelle. Avec sept de leurs dix enfants, une nièce et leur employée de maison, ils s'agenouillent, chapelet en main, devant le Saint-Sacrement pour une nuit d'adoration et de veille. À une amie canadienne qu'elle vient de joindre au téléphone, Daphrose, sereinement, a confié : « Il est peut-être temps que nous devenions le fumier de notre jardin. »

Les heures s'écoulent en prière et lorsqu'à 11 h 30 des soldats débarquent chez eux, Daphrose les supplient de pouvoir saluer une dernière fois Jésus dans son eucharistie. En guise de réponse, l'un d'eux la frappe sauvagement et crible de balles le tabernacle ouvert avant de répandre les hosties consacrées par terre. Les tueurs poussent la famille dans la cour de la maison, et fusillent chacun de ses membres à bout portant, y compris la petite dernière, haute comme trois pommes. Le jeune Cyrdar s'effondre avec les autres mais il n'est blessé qu'à l'épaule, son père l'ayant protégé de tout son corps. Il fait le mort. Il guette, immobile, le départ de la horde assassine. Aussitôt le calme revenu, il se lève, interpelle ses parents, ses frères et sœurs : « Relevez-vous, ils sont partis ! » Silence funeste : pas un ne réagit. Alors seulement, il comprend qu'il est l'unique rescapé du massacre. Consolation dans sa stupeur : trois de ses aînés, absents ce jour-là, doivent être toujours vivants. Et ils le sont.

Les Rugamba ont été froidement exécutés aux premières lueurs du génocide qui fit, en cent jours, près d'un million de victimes, laissant quatre-vingt-quinze mille enfants orphelins. Poète le plus célèbre de ce petit pays d'Afrique de l'Est, véritable autorité morale reconnue comme un artisan de paix, Cyprien était sur la liste noire, celle des personnalités à éliminer au plus vite. Son épouse et lui le savaient bien. Pourtant ils n'ont pas cherché à fuir ni à se cacher. D'un seul cœur et d'une seule âme, ils ont fait le choix de rester à Kigali au péril de leur vie. Et Cyprien de continuer, en haut lieu, et jusqu'au président de la République, à réclamer la suppression des mentions ethniques sur les cartes d'identité et la fin des appels à « l'éradication totale » de la « race ennemie » diffusés par Radio mille collines, l'organe de presse extrémiste du gouvernement hutu.

Homme d'unité et de communion, Cyprien ne pouvait qu'être une cible de choix pour l'Adversaire à l'œuvre dans ce déchaînement de folie fratricide. Il est mort au combat. Oui, Rugamba portait bien son nom de famille qui, en kinyarwanda, la langue du pays, signifie « bataille ». S'il a toujours lutté contre le fléau de la division par ses chants et ses poèmes, il a tardé à dégainer le glaive de l'Esprit et à empoigner « le bouclier de la foi pour éteindre les traits enflammés du Mauvais » (Ép 6,16). Jusqu'à sa conversion au Christ, fruit des larmes, de la patience et de la prière de sa femme, rien en effet ne laissait présager qu'un jour il embrasserait le martyre à la suite de Celui qui, par Sa mort, a « rassemblé dans l'unité les enfants de Dieu dispersés » (Jn 11,52).

S'il y avait une vie au ciel…

Daphrose et Cyprien sont nés dans le même village, au sud-ouest du Rwanda, dans l'ancienne préfecture de Gikongoro. Elle est tutsie, on le dit hutu. Elle est issue d'une famille très chrétienne ; lui, d'une lignée animiste. Les parents de Cyprien finissent pourtant par demander le baptême catholique pour eux-mêmes et leurs enfants et c'est le père de Daphrose, catéchiste, qui les prépare tous au sacrement. Après le petit séminaire de Kabgayi, Rugamba fils est envoyé en 1954 au grand séminaire de Nyakibanda où l'enseignement est de qualité. Il a la vingtaine, et son aspiration est davantage intellectuelle que spirituelle, son esprit vif est plus intéressé par les études que par le sacerdoce. Ce peu d'attrait pour les choses de Dieu n'est pas pour déplaire à sa mère qui raille volontiers son garçon en robe blanche : « Ah, Mademoiselle ! », persifle-t-elle quand elle le retrouve.

Au cours de son cursus, le séminariste se rapproche des philosophes existentialistes et matérialistes et s'éloigne peu à peu de la foi. À force de vouloir « mettre Dieu dans sa tête », de le comprendre, de le saisir, de l'attraper, il finit tout bonnement par le perdre. Les Pères de l'Église qu'il aimait lire au petit séminaire ne l'intéressent plus guère : il n'a désormais d'yeux que pour la littérature et la poésie où il excelle. Ainsi décide-t-il de faire tomber la soutane pour poursuivre des études de philosophie, de lettres et d'histoire au Burundi puis en Belgique. Là, des étudiants hutus et tutsis extrémistes se l'arrachent, s'efforçant de l'attirer dans leur camp respectif. D'un tempérament entier, Cyprien est cependant modéré dans ses idées – il exècre les fondamentalismes de tout bord. Plutôt que d'investir le terrain politique, il brandit l'arme culturelle en créant, avec des amis, une troupe de danses traditionnelles rwandaises. Il a déjà la conviction que la culture peut être un terreau propice à la rencontre et à la réconciliation.

De retour au Rwanda, le poète, dont l'œuvre gagne déjà en popularité, tombe amoureux fou de Xaviérina Mukahigiro. Mais leur amour naissant est fauché en plein vol : le 28 décembre 1963, lors de troubles ethniques, sa fiancée est massacrée avec toute sa famille. Cyprien a fait un rêve prémonitoire de cette fin tragique, qu'il raconte dans l'un des poèmes de son recueil *Amibukiro* (« Le mémorial ») :

> « Je viens de rêver du sevrage
> De la génisse
> Dans une nuit propice
> Pour les criminels
> Propice pour un massacre sanglant
> Des flèches volaient
> Comme des oiseaux innombrables
> Ou comme un ouragan furieux.
> Je vois l'épée qui blesse
> Je vois le bâton qui bat
> Je vois la génisse sevrée trop tôt. »

Cet assassinat perpétré dans une orgie de violence – dix mille Tutsis ont été tués en représailles d'une offensive orchestrée par des exilés de cette ethnie installés dans les pays voisins – plonge l'endeuillé dans une terrible déréliction. Par fidélité à cette famille à laquelle il se sent lié par-delà la mort, il demande la main de Daphrose Mukansanga, la nièce de sa fiancée défunte. Ce mariage de raison et de tradition a lieu en janvier 1965, alors même que Cyprien est toujours hanté par son amour perdu. Il n'en est que plus autoritaire et secret avec Daphrose, en qui il ne retrouve pas sa Xaviérina. Leur vie conjugale ne pouvait pas commencer sous de plus tristes auspices, d'autant qu'elle est marquée, dès les premiers mois, par une fausse couche. L'arrivée, en 1967, d'un premier enfant n'arrange rien.

Peu après la naissance d'Olivier, le jeune papa répudie sa femme accusée de pratiques magiques à son égard. Il la renvoie chez ses parents sans comment ni pourquoi, et garde avec lui le nouveau-né – ainsi le veut la coutume. Il n'ignore pas que l'acte de répudiation est d'une violence crasse, un opprobre jeté sur l'épouse et sa famille, un déshonneur indélébile. Mais il n'en a que faire et jouit à plein de sa vie de « célibataire » en enchaînant les liaisons adultères. Quand il réalise enfin que Daphrose a été la proie innocente de jalousies familiales, grand seigneur, il la choisit de nouveau. Huit mois ont passé, Olivier ne reconnaît même pas sa propre mère.

L'épouse humiliée, calomniée et trompée pardonne à son mari. Alors, certes, l'amour qu'elle lui porte se délite au fil des vexations et de ses infidélités notoires – l'époux volage continue à la tromper ouvertement, jusqu'à donner naissance à une fille illégitime. Mais Daphrose continue à croire coûte que coûte à ce mariage. Elle s'accroche au sacrement reçu, supporte tout, souffre en Jésus et en silence, espère contre toute espérance. Plus que tout, pour la conversion de Cyprien, dont l'athéisme farouche lui broie le cœur, elle prie et fait prier ses proches, ses amis, et même ses enfants qu'elle emmène à la messe. Elle implore des nuits entières le Seigneur de le ramener à la foi. Il en est loin… et devient fou à la vue d'une simple croix, qu'il n'hésite pas alors à briser. « S'il y avait une vie au ciel, on entendrait jusqu'ici-bas les pas de danse et de fête », argumente-t-il.

La comparaison avec la danse n'est pas anodine : Cyprien en est féru. En plus d'être poète et compositeur, il est un danseur et chorégraphe de talent. En 1974, alors qu'il vient d'être nommé directeur de l'Institut national de recherche scientifique (INRS) de Butare, il monte une troupe de ballet dans le cadre d'un « musée dynamique » : *Amasimbi n'Amakombe.* Les tournées internationales sont un succès. Et telle est bien son intention en tant qu'artiste et directeur de l'INRS : étudier, conserver, mais aussi promouvoir le patrimoine culturel rwandais dont il est un éminent spécialiste et un grand amoureux.

Pour constituer sa troupe, Cyprien est allé chercher des danseurs dans chacune des ethnies, avec le désir de rassembler les Tutsis, les Hutus et les Twas au service d'une culture commune. « La parenté qui vous unit est primordiale », écrit-il dans son poème *Ibisigo byose bigira isano* (« Tous les poèmes ont même origine »). Ce souci d'unir ce qui est dispersé, de réconcilier ce qui est opposé, de mettre l'accent sur les complémentarités plutôt que sur les différences, est d'ailleurs une constante de son œuvre, que l'on retrouve notamment dans les chansons composées pour les spectacles de sa troupe. Ainsi du poème *Akana karembera* :

> « Quand bien même quelqu'un serait
> Issu du clan des Basinga,
> Tandis qu'un autre descendrait
> Du clan des Bega,
> Comme tous les Rwandais,
> Ils seraient parents. »

S'il appelle de ses vœux l'unité et la paix, Rugamba n'est pas naïf, angélique, ni même optimiste. Il voit bien que le Rwanda est secoué par des tensions croissantes face auxquelles une compagnie de danseurs, aussi rayonnante soit-elle, ne fera jamais le poids. Il est bien conscient que la plupart des hommes aux manettes du pays qui vient d'accéder à son indépendance ne sont en rien des pacificateurs. Ils sont mus par un esprit de parti, et non pas d'unité. Il le sait d'expérience : depuis qu'il a été nommé préfet de Kibuye, en 1963, on le presse de rejoindre le parti présidentiel et, parce qu'il s'y refuse, il s'attire nombre d'ennuis, et se fait des ennemis. Que lui importe! Plus que tout, il veut « garder [son] indépendance d'esprit et pouvoir continuer à dialoguer avec tous les frères et sœurs du Rwanda sans distinction ». Le prophète crie dans le désert, et discerne à l'horizon des nuages noirs et menaçants – ils éclateront en pluies sanglantes, Cyprien le pressent. Dans son recueil *Amibukiro,* il décrit ses visions :

> « J'ai rêvé toute la nuit :
> Mes rêves étaient un océan
> Ils submergeaient le Rwanda.
> Je rêvais encore,
> Le pays était en panique
> Il était tout en feu
> La foule déchaînée
> Était sanguinaire.
> Je savais que le début du fratricide
> Était devenu inéluctable. »

Son Dieu sera mon Dieu

Cyprien est donc traversé par la crainte de voir le pays de l'éternel printemps – ainsi appelle-t-on ce petit coin de paradis au cœur de la région des Grands Lacs – sombrer dans un hiver sans fin ni lumière, un enfer terrifiant. Il apprendra bientôt que la Vierge elle-même partage son angoisse... Depuis novembre 1981, Marie apparaît à trois pensionnaires du collège de Kibeho, un village au sud-ouest du Rwanda (ces apparitions seront reconnues par l'Église catholique en 2001). « Moi, j'ai ouvert la porte, mais les hommes ont refusé d'entrer », se lamente-t-elle le 15 août 1982. Ce jour-là, fête de sa glorieuse Assomption, ses larmes se mêlent « aux rivières de sang » qu'elle donne à voir aux jeunes voyantes.

> « Alors que la Dame était en pleurs, on vit un fleuve de sang, des personnes qui s'entre-tuent, des cadavres abandonnés sans sépulture, un arbre entièrement en feu, un gouffre béant, un monstre, des têtes décapitées… »

témoigne Alphonsine, encore terrifiée par ces visions apocalyptiques, tristement prophétiques.

Elle pleure et ne veut pas être consolée, la Mère crucifiée, parce qu'elle voit déjà ses enfants engloutis dans des torrents de haine, elle sait vers quel abîme ils courent faute d'écouter ses exhortations à prier, à se repentir et à se convertir :

> « N'oubliez pas que Dieu est plus puissant que tout le mal dans le monde… le monde est au bord de la catastrophe. Purifiez vos cœurs par la prière. Dieu est votre seul salut. Si vous ne cherchez pas refuge en Dieu, où irez-vous vous cacher quand le feu se déchaînera ? »

Cet appel à la conversion pour éviter que Caïn ne tue une fois de plus Abel va se frayer un accès d'une manière étonnante dans le corps et le cœur de Cyprien. En 1982, il tombe subitement malade. Une affection nerveuse, mystérieuse, le terrasse, qui le prive rapidement de tous ses sens au grand dam des médecins de l'hôpital qui n'y comprennent rien. L'intellectuel séducteur plein d'orgueil et de superbe est ainsi brutalement renversé de son trône. Il se retrouve à terre, immobilisé sur son transat, pauvre, pitoyable et nu, dépouillé de tout, incapable de danser, de chanter ou d'écrire, ni même de réfléchir. Sa réputation est elle aussi mise à mal puisqu'au creux de cette vague le haut fonctionnaire est accusé d'avoir trafiqué les comptes de l'INRS. Le scandale éclate, relayé par la presse, et d'aucuns racontent alors que le poète adulé est devenu fou. « Le Seigneur a touché à tout ce qui faisait ma gloire », résumera-t-il plus tard.

Tout s'écroule autour de Rugamba excepté son épouse qui veille à son chevet avec un amour gratuit, inconditionnel, fidèle jusqu'à l'extrême. Aux méchancetés, aux humiliations, aux cruautés dont elle a été la victime sans taches, elle répond en donnant davantage. Et cette attention, cette grandeur d'âme dont il se sait indigne, bouleverse Cyprien. « Je lui ai fait du mal, elle me fait du bien. Son Dieu sera mon Dieu », se dit-il, sûr que s'il guérissait un jour, ce serait grâce à Daphrose. Celle-ci prie comme jamais pour son époux, et tisse autour de lui une longue chaîne de prière en demandant à tous ses proches d'implorer avec elle le Médecin des âmes et des corps. C'est à ce moment-là qu'elle fait la connaissance de deux chrétiennes qui lui parlent du Renouveau charismatique. Cette découverte nourrit sa vie de foi déjà vive.

Dans l'avion qui les emmène tous les deux en Belgique où il doit se faire soigner, le malade fait l'expérience d'une force nouvelle en lui, d'une vigueur inexplicable qui irrigue toute sa personne. À l'arrivée, il semble guéri, et les professeurs ne diagnostiquent aucune maladie. De retour à Butare, le poète délivré comme par miracle de ses maux reprend doucement ses activités. Un beau jour, alors qu'il se sent « envahi par le Seigneur », un hymne monte dans son esprit « comme une inspiration ». Elle s'impose à lui et le révèle chrétien :

> « Ce Ciel blanc, blanc comme neige, où m'attend l'Être suprême. Si jamais, je viens à être appelé, de grâce, ne vous affligez pas. Je répondrai à l'appel tout joyeux et j'entrerai au Ciel en dansant. »

C'est la première fois de toute sa carrière de poète que Cyprien compose un texte qui parle de Dieu, qui le chante et le reconnaît comme son Roi : le jour de sa mort, Dieu l'accueillera dans son ciel, à présent il le croit et déjà il danse de joie. « À partir de ce moment, le Seigneur n'a cessé de m'éclairer et de m'attirer », assurera-t-il lors d'une interview à la télévision. De fait, à partir de ce jour-là, l'athée militant change radicalement de camp et de chant.

Daphrose est le premier témoin de cette métamorphose inespérée – elle la découvre à l'instant même où son époux pose un acte d'humilité et de vérité que son orgueil lui rendait impossible jusque-là :

> « Je t'ai fait souffrir. Je te demande pardon. Et merci d'avoir prié pour moi, je sais que c'est le Seigneur qui m'a sauvé. C'est le Seigneur qui devient mon maître. Je change de vie, je suis ton mari et tu deviens ma femme », lui dit-il un matin.

Daphrose jubile intérieurement : la voilà enfin exaucée ! Elle reçoit et accueille sans réserve cette demande de pardon qui se révèle d'une puissance prodigieuse. Car l'amour vrai fait aussitôt irruption dans leur couple, lui donnant un souffle inédit. Il est question d'une incroyable résurrection. La haine a laissé place à l'amour, l'offense au pardon, la discorde à l'union, l'erreur à la vérité, le doute à la foi, le désespoir à l'espérance, les ténèbres à la lumière, et la tristesse à la joie ! Après 17 ans d'un mariage chaotique, houleux et, disons-le, en échec dès le premier jour,

Cyprien et Daphrose deviennent soudain inséparables, complices, unis, pleins de tendresse et d'affection l'un pour l'autre. La beauté toute nouvelle et totalement inattendue de leur relation éclate aux yeux de tous, leur amour déborde en cascades. « On a perdu trop de temps », répondent-ils à ceux qui s'en étonnent.

Dieu est désormais le roc de leur vie de famille nombreuse – ils ont dix enfants, et Daphrose, dont le pardon est sans ombre, est allée jusqu'à prendre sous son toit et dans son cœur la petite fille née hors mariage. Le matin tôt, ils prient tous ensemble et récitent le chapelet, avant d'aller à la messe. Les paroisses des vallées et des collines alentour résonnent bientôt des notes joyeuses des compositions de Cyprien qui n'arrêtera plus de mettre la Parole en musique, de la danser au rythme de l'Esprit. Il a changé, et pour de bon. Il n'est plus ce haut fonctionnaire orgueilleux et inaccessible qui aimait profiter et abuser des avantages liés à sa position. Il est à présent humble et disponible, ouvert et attentif à tous, et notamment aux pauvres et aux malades, et jusque dans son travail à l'INRS où il témoigne volontiers de sa conversion – celle-ci a d'ailleurs fait grand bruit dans tout le pays.

Le parti de Jésus

À la fin des années 1980, un climat de guerre civile a gagné le Rwanda. La voix de Rugamba devient gênante. Ses chants engagés et sa troupe multiethnique, ses prises de position pacifistes et son refus de s'engager politiquement (« Je suis du parti de Jésus ! », répète-t-il)... tout cela passe mal, et c'est peu dire. Pas étonnant, donc, qu'en 1989, il soit chassé de son prestigieux poste à l'INRS et, qu'après dix mois de chômage, on le pousse dans une voie de garage à Kigali : conseiller culturel de l'Office rwandais du tourisme et des parcs nationaux. « Tu as de la chance de m'avoir rencontré maintenant que je connais le Seigneur. Je ne peux plus agir comme j'aurais agi avant. Tu peux aller en paix », dit-il au responsable de son éviction de l'INRS qu'il croise un jour dans la capitale rwandaise.

Au creuset de cette épreuve, le couple grandit dans la confiance et l'abandon en la Providence. Celle-ci ne tarde pas à placer sur son chemin des volontaires Fidesco, une ONG catholique de solidarité internationale, qui leur font découvrir la communauté de l'Emmanuel. Dès l'été 1989, Daphrose et Cyprien se rendent à Paray-le-Monial et dans la Cité du cœur transpercé de Jésus, en Bourgogne, ils sont profondément touchés par cette jeune pousse issue du Renouveau charismatique, fondée par Pierre Goursat au début des années 1970.

> « La grâce profonde de la Communauté vient de l'adoration eucharistique du Dieu réellement présent au milieu de nous : Emmanuel. De cette adoration naît la compassion pour tous les hommes qui meurent de faim, matériellement et spirituellement. De cette compassion naît la soif d'évangéliser dans le monde entier et particulièrement les plus pauvres », lit-on dans les préambules des Statuts de la communauté.

Convaincus qu'ils ont trouvé là une famille spirituelle, ils désirent la rejoindre et s'y engager. À leur retour à Kigali, ils forment donc avec une coopérante Fidesco, Annick Bescond, et une femme membre de la Fraternité de Jésus, Basilissa Mukamasinzo, une maisonnée dans l'esprit de l'Emmanuel. La petite fraternité se retrouve une fois par mois pour louer Dieu et partager sa Parole. Ses membres ne tardent pas à se poser une question essentielle : doivent-ils aller plus loin et fonder l'Emmanuel dans leur pays ? Sont-ils appelés à ouvrir les portes du charisme de cette communauté française au plus grand nombre des Rwandais appelés par le Seigneur ? Autrement dit : Dieu veut-il de l'Emmanuel au Rwanda ?

Récemment, Cyprien a fait une expérience spirituelle forte. Alors qu'un jour il était en prière dans une chapelle, il a entendu très distinctement une voix l'interpeller : « Je ferai par toi œuvre de rédemption. » Il s'est retourné, tout étonné : personne à l'horizon. Il était bien seul comme il le pensait. La voix s'est fait entendre une nouvelle fois : « Je ferai par toi œuvre de rédemption. » Cette parole tombée du ciel lui revient sans doute dans ces jours où, avec son épouse, ils doivent discerner leur appel. Daphrose et Cyprien hésitent, jusqu'à ce qu'une autre parole reçue dans la prière les encourage à se lancer dans l'aventure : « Sois fort et tiens bon, ne crains pas, ne tremble pas ! [...] Va, agis, agis et que Dieu soit avec toi ! » (1Ch 22,13-16).

Une semaine avant le début de la guerre civile, les 22 et 23 septembre 1990, les époux Rugamba organisent le premier week-end communautaire de l'Emmanuel à Kigali – c'est l'acte de naissance de la communauté dans le pays. Le couple se donne aussitôt d'arrache-cœur pour accomplir leur mission dans la force de l'Esprit Saint. Cyprien met d'abord tous ses talents artistiques au service de la louange qu'avec Daphrose il met en place. On chante et on danse et on loue le Seigneur comme jamais ! Ils consacrent ensuite beaucoup de temps et d'énergie à accompagner et évangéliser les couples et les familles. Leur accompagnement ne consiste pas en de belles paroles, mais en un témoignage de vie – et Dieu sait que leur histoire de conversion conjugale est une preuve tangible de la puissance de la grâce, de l'action guérissante du Christ.

> « J'étais édifiée par leur fidélité, alors qu'ils étaient sollicités de tous côtés : fidèles au groupe de prière, à la messe quotidienne... Ils étaient comme des responsables à travers

> lesquels les membres de la Communauté voyaient des exemples concrets ; ils n'agissaient pas seulement par la parole », confiera une sœur de la communauté.

Les dynamiques responsables sont particulièrement attentifs à l'amitié fraternelle. Ils refusent ainsi toute distinction entre Tutsis, Hutus et Twas, considérant que tous ne font qu'un dans le Christ Jésus, que tous sont les membres d'un seul corps. Avec la même force que saint Paul s'adressant aux premières communautés chrétiennes, Cyprien exhorte ses frères et sœurs à vivre dans la communion d'amour, envers et contre tout, et surtout à contre-courant de l'esprit ambiant. Car seule cette commune-union peut faire tomber « le mur de la haine » (Ép 2,14) qui sépare les Rwandais de plus en plus divisés.

> « Vous autres, vous êtes des frères, vous n'êtes pas avant tout de tel ou tel parti ou ethnie. Je ne voudrais pas vous entendre dire : "Un tel est de tel parti ou ethnie." Nous n'avons qu'un seul parti, celui de Jésus. Celui qui ne veut pas être du parti de Jésus ne peut être de notre famille, de notre Communauté », dira-t-il par exemple lors d'une maisonnée commune peu avant le début du carnage.

Pour soutenir sa famille en proie à des difficultés financières, Daphrose continue de vendre des pommes de terre près du marché central de Kigali. Des gamins abandonnés et livrés à eux-mêmes pillent régulièrement son étal pour survivre… Au lieu de les houspiller, la mère attendrie prend le temps de leur parler et de tisser, autant que faire se peut, un lien de confiance. Mais c'est trop peu face au drame qui se déroule devant ses yeux. Alors en 1992, son mari et elle ouvrent un centre d'accueil à leur attention. « Ces enfants qui sont la nausée de la société, puissent-ils en devenir la fierté », espèrent-ils en fondant cette œuvre de compassion.

Le 24 avril 1993, à côté du marché où son épouse tient son petit commerce, Cyprien organise avec d'autres frères la première évangélisation de rue. Le spectacle est aussi inédit qu'un peu fou : alors que l'ambiance est à couteaux tirés, que des bombes explosent ici ou là, le poète connu de tous, chante et danse pour son Dieu tel, en son temps, le roi David sautant et tournoyant devant l'Arche d'Alliance ! Et aux foules qui viennent à lui, attirés par cette joyeuse louange et par les grands panneaux où sont écrits des messages évangéliques, Cyprien annonce avec une assurance extrême que Dieu les aime, que Jésus est le Sauveur. Le jour même, il est à la radio nationale pour parler de la communauté de l'Emmanuel – l'ancien haut fonctionnaire ne rougit décidément pas de l'Évangile ni du Prince de la paix... et il est prêt à en payer le prix l'heure venue.

Mes habits de fête sont prêts

Au cours de la Semaine sainte 1994, les époux Rugamba sentent que cette heure est imminente. Ils vont bientôt devoir laver leur robe dans le sang de l'Agneau, ils le savent de cette prescience dont Dieu comble certains de ses élus. « Tu ne vois pas que la situation est très difficile et que nous sommes proches de la mort ? lance Daphrose à son amie Thérèse, avant d'ajouter : Je sens que nous sommes en train de vivre nos derniers jours, mais n'aie pas peur : si la mort vient, je suis prête, je me suis préparée. » Comment ? En priant de manière plus instante, comme Jésus à l'agonie dans le jardin de Gethsémani. Ils passent ainsi de longues heures dans leur chapelle où, depuis le mois de mai de l'année précédente, ils ont le privilège d'avoir le Saint-Sacrement – « Je ne suis que le veilleur de la maison ; le propriétaire, c'est Jésus », confie souvent Cyprien. Le Vendredi saint, toute la famille communie et se confesse. Oui, les Rugamba sont prêts.

Le 6 avril au matin, Cyprien convoque les responsables de la communauté de Kigali. S'il improvise une sorte de testament spirituel alors que les nuages de la catastrophe s'amoncellent, c'est pour fortifier ses frères et ses sœurs, les réveiller à la sainteté, pour qu'ils puissent tenir fermes dans la foi, l'espérance et la charité quand le dragon rouge feu déferlera sur les vertes collines du Rwanda :

> « Les frères, vraiment, ne se donnent pas beaucoup. Il faut qu'ils se convertissent, il faut qu'ils soient saints. Dans notre pays, il y a des problèmes ; il faut que nous soyons forts dans la foi pour pouvoir aider les autres… »

Le soir venu, il file rejoindre la chorale. Il est en retard. Quand il arrive dans la salle de répétition, ses amis ont déjà commencé à répéter le chant qu'il vient de composer : « J'entrerai à Jérusalem en dansant. » Mais ce que Cyprien voit et entend ne lui plaît pas… « C'est comme ça que vous allez entrer à Jérusalem ? Dans Jérusalem, on entre avec une joie ! Avec une force ! », s'exclame-t-il, se mettant aussitôt à danser et à chanter joyeusement pour leur montrer comment, lui, il entrera dans la Cité sainte à l'instant même où Dieu l'invitera au festin des noces de l'Agneau. « Mes habits de fête sont prêts », a-t-il d'ailleurs glissé à l'un de ses amis quelques jours auparavant. Le lendemain matin, Cyprien meurt les yeux tournés vers le ciel – il n'a pas chanté l'hymne de sa conversion, il l'a incarné, entraînant avec lui son épouse et six de ses enfants :

> « Ce Ciel blanc, blanc comme neige, où m'attend l'Être suprême. Si jamais, je viens à être appelé, de grâce, ne vous affligez pas. Je répondrai à l'appel tout joyeux et j'entrerai au Ciel en dansant. »

L'annonce de leur assassinat est un choc pour les membres de la communauté qui sont alors dispersés. Mais loin de les paralyser dans la douleur, la terreur ou la sidération, elle leur communique une force, un élan surnaturel pour traverser, avec Dieu et à la suite de leurs amis martyrs, la vallée de l'ombre et de la mort. Dans les semaines qui suivent, une vingtaine de frères et sœurs sont tués et nombre d'entre eux embrassent leur fin de manière sainte, en faisant l'offrande de leur vie sur l'autel de la charité, en louant le Seigneur ou en pardonnant à leurs tortionnaires. Ceux qui ont réussi à fuir dans des pays voisins, comme au Congo, ou ailleurs, cherchent eux aussi à vivre et à partager ce qu'ils ont découvert grâce à Cyprien et Daphrose.

Aux lendemains de la tragédie, alors que le pays des mille collines ruisselle encore de larmes et de sang, la communauté se retrouve décimée, meurtrie, mais plus forte que jamais, car renouvelée dans son désir de vivre la loi de l'amour mutuel dans toute sa radicalité, d'être les témoins véridiques de la miséricorde infinie de Dieu qui pardonne à tous, en toutes circonstances. Portée par les Rugamba auxquels elle se confie dans la prière, la communauté va grandir en charité fraternelle, continuer à croître et à rayonner jusqu'à devenir l'une des plus vivantes au monde avec plus d'un millier de membres engagés, faisant du Rwanda le second pôle de l'Emmanuel après la France.

La veille de sa mort, Cyprien a encouragé ses amis à être « forts dans la foi pour pouvoir aider les autres ». Ces paroles résonnent en ces jours sombres où tout est à reconstruire comme un vibrant appel à la mission. Une mission impossible sans Dieu tant les blessures sont profondes : femmes violées et vivant, depuis, avec le sida, veuves sans ressources, adolescents esseulés, témoins, proies ou auteurs d'atrocités innommables, de tueries fratricides, de profanations, etc. Pour offrir à ces âmes brisées et abattues des lieux paisibles où déposer leurs fardeaux et repartir libérés, le cœur apaisé, les plaies pansées, la communauté de l'Emmanuel crée, dès 1994, à Ruhango, le Centre Jésus miséricordieux. Là, des laïcs et des prêtres formés accompagnent les victimes comme les bourreaux sur le chemin long et difficile du pardon et de la réconciliation.

En 1995, elle rouvre, avec l'aide de l'ONG Fidesco, le centre d'accueil pour les gamins des rues de Kigali. Baptisé Cecydar (« centre Cyprien et Daphrose Rugamba »), ce centre se fixe un objectif qui aurait enthousiasmé les deux hérauts de l'unité : donner aux orphelins Tutsis l'amour d'une famille d'accueil hutue et aux Hutus celui d'une famille tutsie. À mesure que les rescapés du génocide deviennent adultes, Cecydar ouvre les bras aux jeunes laissés-pour-compte de la capitale rwandaise, des villes et villages alentour – ils sont 200, chaque année, à être accueillis pendant trois à six mois dans la propriété verdoyante où tout est mis en œuvre pour les restaurer dans leur dignité d'enfant de Dieu avant qu'ils ne réintègrent, si possible, leur famille.

Lors de son voyage au Rwanda, en septembre 1990, le pape Jean-Paul II avait déclaré :

> « Je suis convaincu que la sainteté existe parmi ceux qui se trouvent ici parmi vous, dans votre peuple rwandais, dans vos mariages, vos familles, j'en suis convaincu. Un des désirs que je porte en mon cœur est de pouvoir béatifier ou canoniser le plus tôt possible un couple, il y a un grand besoin. »

Le vœu du Saint-Père est en bonne voie d'être exaucé, puisqu'en 2015, la communauté de l'Emmanuel a obtenu de l'archevêque de Kigali l'ouverture des causes de canonisation de Cyprien et Daphrose Rugamba. Au printemps 2018, le préfet de la Congrégation pour les causes des saints a accordé le passage des deux causes pour héroïcité des vertus en une seule pour réputation de martyre des parents. Tout porte à croire, en effet, que les Rugamba ont été tués en haine de la foi, et non pas eux seulement, mais aussi six de leurs enfants (Serge, Émérita, Cyrinus Cyrdy, Dacy Aubin, Cyrdina Marie-Hélène et Ginie Colombe), leur nièce, Marina Gabriella Umuhire Zitoni, et leur employée de maison, Émérita Mukantabana.

Quoi qu'il en soit du résultat de l'enquête, ce couple de feu et de foi à la joie contagieuse continue d'entraîner leurs frères et sœurs dans leur danse pour Dieu. Ce n'est pas trahir la spiritualité de Cyprien que de mettre dans sa bouche les vers d'une autre poète inspirée, elle aussi convertie, Madeleine Delbrêl :

> « Faites-nous vivre notre vie,
> Non comme un jeu d'échecs où tout est calculé,
> Non comme un match où tout est difficile,
> Non comme un théorème qui nous casse la tête,
> Mais comme une fête sans fin où votre rencontre
> se renouvelle,
> Comme un bal, comme une danse,
> Entre les bras de votre grâce,
> Dans la musique universelle de l'amour.
> Seigneur, venez nous inviter. »

Dorothy Day

Dorothy Day
la révolutionnaire de l'Évangile
(1897-1980)

Le 18 avril 1906, un puissant séisme réveille San Francisco en sursaut. Bientôt, de formidables incendies vont ravager la capitale californienne, faire des centaines de morts et jeter dans les villes de la baie des cortèges de sinistrés. Dorothy, 8 ans, dont la maison à Oakland a été secouée comme « une barque dans la tempête », se voit soudain projetée « hors de [son] bonheur satisfait dans un monde de catastrophe ». Bascule douloureuse pour une enfant d'un si jeune âge, jusque-là protégée et à l'abri. Mais dans ce champ de ruines, de sang et de larmes, la fillette assiste à un élan de solidarité extraordinaire, qui s'organise, spontanément, pour venir en aide aux réfugiés. Elle s'y joint avec tout l'enthousiasme de sa nature généreuse et goûte, déjà, « à la joie de faire le bien », de partager et de servir les sans-abri. « On leur donnait tout ce qu'on pouvait, jusqu'au moindre tissu », se souviendra-t-elle dans ses mémoires, *La longue solitude*. Première expérience de l'amour fraternel à l'état brut dont elle n'aura de cesse de vouloir retrouver la saveur unique.

Le cataclysme ayant mis à terre le journal pour lequel travaillait le père, les Day doivent s'arracher à la douceur de la Californie pour le froid de Chicago. Là, dans un appartement miteux, la famille traverse l'épreuve de la pauvreté pendant deux ans, le père peinant à retrouver un poste de rédacteur sportif. Quand elle n'est pas à l'école ou auprès de sa mère Grace pour l'aider aux tâches ménagères, Dorothy lève les yeux pour contempler les étoiles ou plonge le nez dans les livres. Elle dévore les œuvres de Hugo ou de Poe, de London ou de Dickens, de Dostoïevski ou de l'anarchiste russe Kropotkine. De ces lectures passionnées, son cœur sort transpercé à jamais par la question sociale, par « l'abjection sociale ». *La Jungle,* œuvre coup de poing et roman phare du journaliste socialiste Upton Sinclair, la trouble singulièrement. Car cette ville de Chicago dont l'auteur décrit la misère des banlieues, dont il détaille les indignes conditions de vie et de travail des ouvriers immigrés dans les abattoirs, cette ville, c'est la sienne, celle dont elle « foule le sol » chaque jour.

Elle refuse de se dérober et d'échapper à cette réalité. Au contraire, elle veut s'y frotter, s'y confronter, s'y compromettre de tout son être. Du haut de ses 15 ans, la voilà donc qui embarque son petit frère John dans son landau pour de longues marches dans les quartiers les plus miséreux et puants de Chicago. Elle enfile et explore sur des kilomètres « d'interminables rues grises, fascinantes par leur triste uniformité, passant devant des tavernes et des tavernes », avec l'étrange certitude que, désormais, sa vie est liée à celle des pauvres et des ouvriers, que leurs intérêts doivent devenir les siens. « J'avais reçu un appel, une vocation, une direction à donner à ma vie », confiera la *pasionaria* des opprimés.

Le Christ ne parcourt plus les rues de ce monde

Toujours plus enflammée par ses lectures et ses explorations, l'adolescente se lève et s'élève contre « l'idéal de la médiocrité bourgeoise » qui règne en maître dans la société américaine – à commencer par sa propre famille – et qui considère tous les Américains comme « faits à l'image et ressemblance de George

Washington, tous sur le même modèle, tous prospères dans [leurs] affaires [s'ils sont] bons et tombant au dernier degré de l'échelle sociale [s'ils sont] mauvais ». Mais quelle est cette société au cœur sec qui ferme ses entrailles au cri des pauvres, les regardant de haut comme des bons à rien, des incapables, des sans-valeur ?

Et, surtout, qui sont ces chrétiens du dimanche, hypocrites et pharisiens, qui ont « assez d'argent pour ne pas se soucier des choses de ce monde » ? Plutôt que de sourire aux riches, de les flatter et de les courtiser, ne devraient-ils pas enlever leurs manteaux pour couvrir ceux qui sont nus ? Sillonner les routes et les marges, aller aux croisées des chemins, pour inviter les mauvais comme les bons à venir s'asseoir à la table du banquet ?

> « Je voulais que chaque maison soit ouverte aux estropiés, aux boiteux, aux aveugles, comme cela s'était produit après le tremblement de terre à San Francisco. Ce n'est qu'à partir de ce moment-là que les gens vivraient réellement, aimeraient réellement leurs frères. La vie en abondance devait se trouver dans un tel amour, mais je n'avais pas la moindre idée de comment la trouver. »

Dorothy a malgré tout une petite idée en tête : ce n'est pas du côté des chrétiens mous et de façade qu'elle trouvera cette « vie en abondance ». Elle décide donc de cesser toute pratique religieuse, d'étouffer cette vive flamme intérieure qui animait son cœur et le faisait « bondir » à chaque fois qu'elle entendait le nom divin. Elle l'avait très peu entendu dans son enfance, ses parents, de tièdes protestants, ayant rangé Dieu au fin fond du placard. Et pourtant, la petite Dorothy avait toujours cru en lui sans même le connaître. Il l'avait hantée pour ainsi dire, et s'était rappelé à elle en des instants aussi fugaces que fulgurants. Une après-midi pluvieuse, vers l'âge de 6 ans, elle avait trouvé une Bible dans son grenier et l'avait dévorée des heures durant avec l'intuition de tenir entre les mains « quelque chose de saint ». Elle avait ensuite fait « l'expérience d'une véritable piété, au sens de la douceur de la foi » en se laissant entraîner, par une famille amie, à quelques offices méthodistes.

Un soir, à Chicago, son amie catholique Mary Harrington lui avait raconté la vie d'un saint, suscitant en son âme d'enfant de 9 ans la « prise de conscience d'une possible aventure spirituelle » et le désir d'y prendre part comme à un jeu. Et ce jour où elle avait surpris sa voisine Mrs. Barrett à genoux dans sa chambre, les mains jointes en prière, elle avait ressenti une « explosion de tendresse », « de gratitude et de bonheur ». Puis, à 10 ans, elle avait été saisie par la liturgie de l'église épiscopalienne où ses frères chantaient dans la chorale – elle y recevra le baptême à 12 ans –, touchée à vif par la prière des psaumes. Ce trésor biblique était aussitôt devenu le sien, le miroir, l'expression, l'exutoire, au même rang que l'écriture, de ses sentiments contradictoires et contrariés, tourmentés ; en les récitant, parfois de tête, son cœur tressaillait d'allégresse ou se brisait de contrition, explosait en louange ou en déréliction.

À l'université de l'Illinois, que la bonne élève intègre grâce à une bourse, Dorothy va résolument tourner le dos à cette enfance religieuse. Elle a 16 ans en cette rentrée 1914, et une soif irréfrénable d'indépendance, de liberté et de justice. La littérature d'extrême gauche à laquelle elle s'abreuve, ses premiers engagements politiques, les petits boulots pénibles et ingrats qu'elle enchaîne et qui la font se sentir solidaire des classes laborieuses, tout cela fait croître en elle son mépris pour la religion et pour les croyants dont le bonheur égoïste lui semble être « une insulte à la misère du monde ». Un scandale innommable.

> « J'étais extrêmement préoccupée par une grande question. Pourquoi faisait-on tant de choses pour remédier aux maux sociaux plutôt que de commencer par éviter qu'ils se produisent ? […] Où étaient les saints qui allaient essayer de changer l'ordre social, les saints qui au lieu de s'employer à secourir les esclaves, allaient en finir avec cet esclavage lui-même ? »

Dorothy, acquise au concept de lutte des classes, est de plus en plus persuadée que de telles figures ne sont pas à chercher dans ce monde qui se dit chrétien, grouillant de « bourgeois », de « gens à l'esprit étroit », de « satisfaits », et dont « la laideur de la vie » l'épouvante. « Pour moi, le Christ ne parcourait plus les rues de ce monde. Il était mort depuis deux mille ans et de nouveaux prophètes s'étaient levés à sa place », affirme-t-elle, péremptoire. Âme assoiffée d'absolu, intransigeante et entière, elle tire de cette intime conviction une conclusion radicale : il lui faut, et pour de bon, « dominer » son sentiment religieux, « retrancher impitoyablement de [sa] vie la religion », s'en « détourner comme d'une drogue » – car la religion est bien l'opium du peuple, une béquille pour les faibles.

> « Je me mis à jurer, à faire exprès de prononcer en vain le nom de Dieu, rien que pour choquer mes amis qui allaient à l'église. Je me choquais moi-même autant qu'eux en le faisant, mais il me semblait que c'était un geste énergique à faire pour arracher la religion de moi. Mon attitude était absolument lucide. »

Poussée par une ardeur révolutionnaire, excitée par le cri de guerre marxiste – « Travailleurs du monde entier unissez-vous ! Vous n'avez rien d'autre à perdre que vos chaînes ! » – Dorothy la révoltée devient alors adepte d'une nouvelle religion dont le grand prophète est Marx et qui, elle aussi, a ses martyrs. Le récit de ces persécutions excite sa colère et lui rend insupportable l'appel à la douceur évangélique. Elle claque la porte de l'université au bout de deux ans, estimant que la vraie vie ne s'y joue pas.

Histoire quotidienne de l'horreur

Dorothy a 19 ans lorsqu'elle retourne à New York, sa ville natale, pour vivre de son écriture. Son journaliste de père a tout fait pour la décourager – il est aussi conservateur qu'elle est progressiste – mais rien ni personne ne peut arrêter la furieuse et fougueuse Dorothy Day. Rien ni personne ne pourra l'empêcher d'assouvir son impétueux désir : « Aller rejoindre les piquets de grève, aller en prison, écrire, influencer les autres et laisser [sa] marque sur le monde. » À force d'audace et de persévérance, elle décroche un poste dans un journal socialiste, *The Call.* Le rédacteur en chef n'a pas un sou pour la payer ? Qu'à cela ne tienne : la journaliste en herbe le convainc qu'elle peut vivre avec cinq dollars la semaine – comme une ouvrière. Et comme une ouvrière, elle travaille dur, rentre tard dans son logis piteux, et sur le chemin du retour, s'enfonce dans la nuit new-yorkaise où les ravages de la révolution industrielle et du capitalisme yankee se laissent découvrir au grand jour. Quelques mois plus tard, une autre publication de la gauche radicale, *The Masses*, l'embauche comme rédactrice. Dorothy communie à toutes les causes révolutionnaires et met sa plume, aiguisée, implacable, à leur service.

> « Nous autres reporters, nous travaillions de midi à minuit, allant de meeting en grèves, enquêtant sur la faim et la mort dans les taudis. Notre rôle de journalistes semblait être d'édifier un effroyable réquisitoire contre le système actuel, d'écrire une histoire quotidienne de l'horreur

> dont l'accumulation devait à la longue contraindre les travailleurs à se révolter. Les rédacteurs en chef croyaient à l'efficacité de la législation et de l'éducation, mais nous autres, les jeunes, nous ne croyions pas que rien pût se faire autrement que par la force. »

Ses collègues l'introduisent dans le milieu littéraire et artistique du Greenwich Village, le berceau de la contre-culture des années 1920. Elle passe ses soirées – et ses nuits – au Golden Swan Café, où l'on danse et où l'on chante, s'étourdissant dans l'alcool, les joutes oratoires et les discussions idéologiques. Elle y rencontre les écrivains de la *Lost Generation* – John Dos Passos, Michael Cowley, et, surtout, Eugene O'Neill – et, avec eux, avec les anarchistes, les communistes et les syndicalistes, les poètes et les artistes, elle rêve d'un nouveau monde. Par esprit de liberté, elle refuse de prêter une quelconque allégeance à un quelconque mouvement ou parti. Dorothy est une femme libre.

Au cours de l'une de ces veillées, elle est frappée par un poème de Francis Thompson, *Le Limier céleste*, que son cher ami athée O'Neill récite pour elle :

> « Et maintenant, mon cœur est comme une fontaine brisée,
> Où les larmes stagnent, à jamais épanchées […]
> "Tout ce que ton erreur d'enfant
> S'imagine perdu, je l'ai pour toi mis en Ma garde :
> Lève-toi, prends Ma main, et viens ! "
> À mon côté les pas ont fait halte :
> Mes ténèbres, après tout, ne sont-elles
> Que l'ombre de Sa main, étendue pour la caresse ?
> "Ah, le plus fol, le plus aveugle, le plus faible,
> Je suis Celui-là que tu cherches !
> C'est l'amour que tu repoussais, toi qui Me repoussais." »

Au milieu des effluves alcoolisés et des volutes de fumée, elle pressent que, tôt ou tard, elle aura « à faire une pause dans la course folle de la vie, pour [se] souvenir de [son] commencement et de [sa] fin ultime. » Le « limier céleste » qui la poursuit depuis toujours la rattrapera un jour, elle le sait. Mais pas aujourd'hui. Il y a trop à faire. Ce qui se passe en Russie, la révolution d'octobre 1917, attise sa ferveur, aveugle son intelligence. Sa plume exalte les marxistes qui ne cherchent « qu'à se sacrifier sans cesse et partout, faisant le bien sans espoir de récompense présente ou éternelle, maintenant le combat pour obtenir une vie meilleure pour leurs frères ». Et sa plume s'abat sur les gens religieux : ce sont des « tièdes, des matérialistes qui espéraient qu'en allant à l'église le dimanche ils prendraient une assurance sur la vie future au cas où il y en aurait une. En attendant, ils prenaient tout ce qu'ils pouvaient de bon dans la vie présente ».

Je priais sans le savoir

En novembre 1917, avec sa bonne amie, la peintre Peggy Baird, Dorothy se rend à Washington pour participer à une manifestation féministe – la première d'une longue série. Les trente-cinq suffragettes sont arrêtées et la plupart, dont Dorothy, écopent de trente jours de détention. Elles entament une grève de la faim. Prostrée dans sa cellule glaciale et obscure, esseulée, étourdie et fébrile, le ventre vide, Dorothy fait l'expérience, dans sa propre chair, des misères que jusqu'alors elle décrivait de l'extérieur. Et ça change tout. Elle est « envahie par la conscience déchirante de la laideur et de la futilité de la vie », détruite par le mal et la haine qu'elle voit triompher dans la prison comme dans le monde. L'esprit égaré, désarmé, la prisonnière demande alors une Bible :

> « Je l'ai lue avec l'impression de revenir à quelque chose de mon enfance que j'avais perdu. Mon cœur s'emplissait de joie et d'actions de grâce lorsque je lisais les psaumes. L'homme qui les avait chantés savait ce qu'est la douleur et aspirait à la joie. »

Un psaume en particulier, le 125, la rejoint. Elle s'accroche à chacun de ces mots qui la réconfortent :

> « Quand le Seigneur ramena les captifs de Sion, nous étions comme en rêve, alors notre bouche s'emplit de rire et nos lèvres de chansons. [...] Ramène, Seigneur, nos captifs, comme les torrents au désert. Ceux qui sèment dans les larmes moissonnent en chantant. »

Fidèle à son credo marxiste, pleine d'orgueil, Dorothy lutte contre la tentation « d'aller vers Dieu dans la défaite et dans la peine ». Elle se compare à l'enfant qui veut marcher tout seul et qui rejette la main qui voudrait l'aider et le soutenir : « J'essayais de me persuader que je lisais uniquement pour ma satisfaction littéraire. Mais les mots trouvaient un écho dans mon cœur. Je priais sans le savoir. » Le sixième jour, elle est transférée avec ses camarades à l'hôpital de la prison. Là, jetée à nouveau dans l'agitation du monde, elle balaie la religion d'un vif revers de main, toute honteuse de ce moment de faiblesse.

Lorsque Dorothy retrouve la liberté, à Thanksgiving, elle n'est pourtant plus tout à fait la même. Certes, elle reprend « sa course folle » de militante et de journaliste new-yorkaise, mais plus d'une fois, après avoir passé la nuit dans des pubs ou dans des bals, elle va s'agenouiller dans le fond de l'église Saint-Joseph. Ce qui se joue à la messe lui échappe un peu, mais elle est « réchauffée et réconfortée par les lumières, le silence, les gens à genoux et l'atmosphère d'adoration ». Plier les genoux et incliner la tête lui est un besoin, presque une nécessité : « J'étais poussée par une sorte d'instinct aveugle et je n'avais pas conscience de prier. »

En 1918, la jeune intellectuelle est rattrapée par la réalité, celle de la guerre qui fauche et broie en premier les pauvres. Face au drame en cours, son métier lui apparaît soudain bien vain, et les journalistes, « les créatures les plus inutiles du monde » ! Elle s'en ouvre à une amie :

> « Maintenant que nous sommes au cœur de la guerre et qu'il y a tant à faire, je pourrais essayer de me rendre utile plutôt que de rester là à m'amuser à écrire. Qu'est-ce que je fais de bon pour mes frères ? »

À cette question existentielle, elle répond en troquant le crayon pour la blouse blanche des élèves infirmières d'un hôpital civil de Brooklyn – et non pas militaire, puisque Dorothy est pacifiste. Avant chacune de ses gardes éreintantes qui la mettent au contact de la mort et de la souffrance, elle accompagne une infirmière à la messe du matin. Il lui est difficile de mettre des mots sur cet attrait qui la pousse à l'église. Plus tard, elle comprendra ce qu'alors elle sentait seulement : « Que l'homme a besoin d'adorer, que c'est lorsqu'il est le plus engagé dans cet acte qu'il est vraiment lui-même. »

Dieu ou un homme

Oui, Dorothy est attirée par Dieu, mais plus encore par un homme qu'elle a rencontré à l'hôpital. En janvier 1919, elle lâche sa blouse pour aller vivre avec ce Lionel Moise dont elle est « tombée follement amoureuse ». Relation toxique, destructrice avec cet ancien journaliste et voyageur, désinvolte et jaloux, et qui a l'engagement en horreur. Très vite, le drame arrive. Dorothy tombe enceinte et Lionel l'accule à se débarrasser de l'enfant. À l'instant même où elle subit l'opération clandestine, seule évidemment, il s'enfuit en Amérique du Sud. Il l'abandonne, par une simple note qu'elle découvre en rentrant. « Fatiguée d'être au bord d'un abîme de malheur », l'endeuillée parvient, malgré deux tentatives de suicide, à se relever… Au printemps 1920, six mois après la rupture, elle se marie à un riche New-Yorkais, par dépit et pour oublier, pour avancer, voyage en Europe et, de retour en Amérique, se sépare d'un époux fortuné, mais qu'elle n'a jamais aimé. « J'eus le sentiment de m'être servie de lui, et j'en eus honte », confessera-t-elle.

Après un bref séjour en Californie où elle se rapproche à petits pas de Dieu, Dorothy reprend sa vie de bohème à New York et retrouve le Greenwich Village. Pendant un an, elle vit entre la ville et la campagne, celle de Staten Island où elle s'est acheté une petite maison sur la plage. Elle écrit, elle fait la fête, elle controverse… puis elle se lie avec Forster Batterham, « un anarchiste d'ascendance anglaise », amoureux de la nature et de la liberté. Cette relation apaise Dorothy, elle l'emplit d'un « bonheur naturel ». Et ce bonheur la ramène, sans même qu'elle le veuille, et même à sa plus grande surprise, à la prière, à la lecture de la Bible et de *L'Imitation de Jésus-Christ,* à la messe du dimanche.

> « J'étais heureuse, certes, mais mon bonheur me faisait comprendre que cette vie pouvait offrir un bonheur encore plus grand que tout ce que j'avais pu connaître jusque-là. Je me suis mise à réfléchir, à peser les choses, et c'est à partir de ce moment-là que j'ai commencé consciemment à prier davantage. »

Les semaines s'écoulent au grand air de Staten Island et la « joie de la prière » grandit en Dorothy. Elle résiste parfois encore au « limier céleste », poursuivie par cette phrase qui lui revient comme une moquerie : « La religion est l'opium du peuple ». « Je ne me suis pas tournée vers Dieu par détresse, chagrin ou désespoir, ni pour obtenir de lui une consolation ! », se dit-elle, comme pour se rassurer. Alors pourquoi prie-t-elle ? Parce qu'elle est heureuse, tout simplement. Et de fait, après tant d'années de lutte et d'agitation, elle commence enfin « à respirer », « à vivre pleinement », à goûter à la « véritable liberté ». Et tout cela grâce à Forster, elle en est certaine. Mais celui-ci, athée militant, s'empourpre de colère à voir ainsi sa compagne inhaler l'opium défendu, être absorbée « dans le surnaturel plutôt que dans le naturel, dans l'invisible plutôt que dans le visible ». Les relations entre eux se tendent à mesure que Dorothy chemine vers Dieu…

> « Il m'était impossible de parler de religion ou de foi avec lui. Un mur nous séparait maintenant. L'amour même de la nature et l'étude de ses secrets, qui m'amenaient à la foi, retranchaient Forster de la religion. »

En 1925, Dorothy tombe enceinte. C'est pour elle une « joie merveilleuse », d'autant plus inouïe qu'elle ne se croyait plus capable de donner la vie depuis son avortement. Forster est aussi opposé au mariage qu'à la paternité, mais il laisse à Dorothy la liberté de faire ce que bon lui semble. Tamar Teresa naît le 3 mars 1926. Sa mère est déterminée à la faire baptiser, « coûte que coûte » : elle veut lui épargner ce qu'elle-même a enduré, ces longues et douloureuses années où elle n'a cessé d'hésiter, de douter, de se débattre « sans discipline ni morale ». « Je savais que c'était ce que je pouvais faire de plus grand pour mon enfant. Pour moi-même, je priais pour recevoir le don de la foi. » Mais elle repousse sans cesse « le jour terrible » où elle devra prendre sa décision, car si elle choisit l'Église catholique, elle devra renoncer à Forster, le compagnon qu'elle aime passionnément. Une seule question, terrible et redoutable, se pose désormais à elle : « Savoir si je choisirais Dieu ou un homme. »

Un jour qu'elle se promène près de la chapelle de Staten Island, Dorothy aperçoit une vieille religieuse. Elle court aussitôt vers elle pour lui demander comment son enfant peut recevoir le baptême – elle ne sait rien des sacrements, si ce n'est que sans eux, Tamar ne serait jamais catholique. Cette sœur Aloysia se charge alors du baptême de la petite et de l'instruction religieuse de la mère. Avec détermination et à base de catéchisme et de vieilles revues pieuses. Dorothy se met à étudier et à lire, à prier le chapelet le long de la plage et à assister fidèlement à la messe. Elle accepte de ne pas comprendre, de ne rien ressentir, en posant l'acte de foi que « la lumière viendrait plus tard », « dans un éclair fulgurant de joie et de lucidité ».

Sa rude catéchiste sans cesse lui répète qu'il lui faut elle-même devenir catholique si elle veut que sa fille puisse être élevée en catholique. Mais Dorothy n'arrive pas à faire le grand saut… elle ne veut pas « abandonner l'amour humain », ni « trahir la classe » à laquelle elle appartient. Jusqu'au jour où, après une énième dispute, elle met l'homme qu'elle aime à la porte de sa maison pour y faire entrer Dieu et lui seul – jusqu'à la fin de sa vie, elle restera tout autant fidèle à ce choix qu'amoureuse de Forster. Le lendemain même de la rupture, un jour de décembre 1927, elle reçoit le baptême dans la plus complète désolation.

Dorothy ne regrettera jamais d'être devenue catholique, mais cette décision lui apporte d'abord beaucoup plus de combats et d'arrachements que de joies. La militante de la gauche radicale a en effet l'impression de « rallier l'opposition puisque, de toute évidence, l'Église formait bloc avec la propriété, avec les riches, avec l'État, avec le capitalisme, avec toutes les forces de la réaction ! » Nombre de prêtres qu'elle rencontre, indifférents à la question sociale, confirment sa crainte. Le lendemain des émeutes du 1er mai 1930, lorsqu'elle revient à New York avec Tamar après un bref passage à Hollywood – où elle a décroché un contrat pour écrire des dialogues de film – et à Mexico, Dorothy constate que « l'idée de la révolution » a gagné tous les groupes, sauf les catholiques. Le pape Pie XI lui-même dira bientôt que « les ouvriers du monde entier sont perdus pour l'Église ». Dorothy l'observe chaque jour, la mort dans l'âme. Mais elle apprend malgré tout à aimer cette Église dans laquelle elle ne se retrouve pas, et pour la bonne et simple raison que l'on ne peut séparer la tête du corps ni le Christ de sa croix :

> « J'aimais l'Église parce qu'elle me rendait le Christ visible. Non pour elle-même, parce qu'elle était souvent un scandale à mes yeux. Romano Guardini dit que l'Église est la croix sur laquelle le Christ a été crucifié : on ne peut séparer le Christ de sa croix et il faut consentir à vivre dans un état permanent de déception envers l'Église. »

Décembre 1932. La Grande Dépression a enfoncé les États-Unis dans une crise sans précédent. La tension sociale est à son paroxysme. Le jour de la fête de l'Immaculée Conception, après avoir couvert une « Marche de la faim » à Washington – où pas un leader catholique n'était présent –, Dorothy supplie Dieu, dans « les larmes et l'angoisse », de lui ouvrir une voie pour qu'elle « puisse mettre [ses] talents au service de [ses] camarades ouvriers et des pauvres ». Pour qu'elle puisse être cette sainte, catholique, qui allait essayer de changer l'ordre social. Pour qu'elle parvienne enfin à réconcilier sa foi chrétienne et son activisme politique. Quand elle rentre chez elle, le soir même, « un petit homme trapu, d'environ cinquante-cinq ans, aussi mal habillé et rude que les marcheurs de la faim », l'attend dans son salon : Pierre Maurin. Rencontre décisive, providentielle pour l'un comme pour l'autre.

Rendre les riches pauvres et les pauvres saints

Harassée par huit heures de bus, Dorothy n'aspire qu'à embrasser sa fille, et à prendre tranquillement un café avec ses colocataires, à savoir son frère John et sa belle-sœur. Mais voilà, ce marginal à l'allure d'un clochard et à l'anglais laborieux – il est Français – commence à lui parler de son programme politique avec un enthousiasme débordant. Dorothy prend sur elle et écoute le philosophe-paysan, d'abord d'une oreille, puis des deux et de toute son âme de chrétienne et de révolutionnaire ! Car ce Pierre Maurin tombé du ciel lui fait soudain prendre conscience qu'elle n'est pas la seule catholique à vouloir œuvrer pour la justice sociale, et que le catholicisme lui-même défend l'option préférentielle pour les pauvres, prône un autre mode de vie que celui du capitalisme sauvage, cette nouvelle tyrannie.

Tout l'enjeu, et l'urgence, est d'adapter cette doctrine sociale de l'Église – dont la néophyte n'a jamais entendu parler, et à laquelle son « maître » va la former – au contexte social américain. De fomenter une contre-culture sociale et populaire au sein du catholicisme conservateur en s'inspirant des encycliques sociales, des écrits de G. K. Chesterton et du mouvement distributiste anglais. Pour cela, Maurin a besoin de Dorothy. Et Dorothy, gagnée par les idées de celui qu'elle appellera bientôt le « saint François des temps modernes », dit oui. Le duo se quitte en se promettant de lancer sans tarder un journal « pour attirer l'attention de tous sur le fait que l'Église catholique a un programme social ».

Sur sa table de cuisine, Dorothy prépare, rédige et édite le premier numéro du journal *The Catholic Worker*. Il sera publié le 1er mai 1933. De cette publication, où la journaliste déploie tout son talent, naissent rapidement des tables rondes ouvertes à tous, des « Maisons d'hospitalité » dans les quartiers pauvres des grandes villes des États-Unis, puis des fermes collectives chrétiennes en milieu rural. Car tout le programme de Maurin est régi par la règle des trois « C » : « Culte (importance de la vie liturgique), culture (importance de la formation doctrinale) et Culture (avec un C majuscule, renvoyant au retour à la terre). » Fondé sur un tel triptyque, le *Catholic Worker* n'est donc ni un simple journal ni une énième « organisation charitable ». C'est un mouvement d'ouvriers au chômage, d'immigrés sans ressources, de familles en difficultés ou de marginaux à la rue qui se réunissent en communautés de vie avec le désir de vivre l'Évangile, dans toute sa force révolutionnaire et sa radicalité.

L'obsession de Pierre Maurin de ne jamais délier la pensée de l'action réjouit Dorothy qui a toujours veillé à imbriquer parole et actes, théorie et pratique. Rien d'étonnant, donc, que la première « Maison d'hospitalité », appelée Saint-Joseph, ait commencé chez elle avec une soupe populaire ! Oui, Dorothy a enfin trouvé sa voie, celle des œuvres de miséricorde :

> « Nous considérons que les œuvres de miséricordes spirituelles et corporelles et le fait de suivre le Christ comme la meilleure des techniques révolutionnaires et un moyen de changer l'ordre social plutôt que de le perpétuer », écrit-elle en 1940, dans un numéro du *Catholic Worker* consacré à l'hospitalité.

Jusqu'à la fin de sa vie, en 1980, elle se consacra totalement au mouvement qui prendra une ampleur inattendue, vivant pauvrement au milieu des pauvres, avec comme charte de vie le Sermon sur la montagne – selon elle, cette page d'Évangile répond « à toutes les questions sur le "comment aimer Dieu et son frère" ».

Dorothy a donc résolument et définitivement tourné la page marxiste : « L'objectif du communisme est de rendre les pauvres plus riches, l'objectif du christianisme est de rendre les riches pauvres et les pauvres saints. » Mais elle reste pourtant fidèle à sa culture militante et syndicale. Ainsi entraîne-t-elle le *Catholic Worker* dans la défense active et non violente des ouvriers, dans l'opposition aux complexes militaro-industriels et à la guerre, dans la dénonciation du crime de Hiroshima ou dans l'éveil à une conscience écologique. Elle apporte très tôt son soutien au mouvement des droits civiques de Martin Luther King, ce qui lui vaut d'être prise pour cible par un tireur du Ku Klux Klan. Elle est de toutes les causes, de toutes les luttes, du moment qu'elles lui paraissent justes (au risque de se tromper parfois, ainsi de son plaidoyer pour Castro). Et elle n'y va pas de main morte. D'ailleurs, le chef du FBI, le très influent Edgar Hoover, recommande de l'emprisonner en cas d'état d'urgence. À de nombreuses reprises, elle est arrêtée lors de manifestations en faveur de la paix. Sa dernière condamnation pénale sera prononcée en 1973 – elle a 76 ans !

Ses convictions avant-gardistes, son courage et sa détermination la rendent célèbre aux États-Unis et au-delà. Certains la décrient, d'autres se l'arrachent. Peu comprennent à quel point elle est inclassable, « irrécupérable ». Proclamée « première *hippie* du XXe siècle » par les fondateurs de ce mouvement qui la prenne pour modèle, taxée de « catholique de gauche », de progressiste, voire de communiste par beaucoup, Dorothy est en réalité, et de son propre aveu, « une dogmatique », « une traditionaliste ». Elle est absolument attachée à l'orthodoxie catholique, absolument fidèle à l'Église institutionnelle dont elle défend l'enseignement, qu'il soit social ou moral. Autrement dit, elle s'oppose avec autant de fougue au libéralisme, au socialisme, au racisme et à toutes les formes d'oppression qu'à la révolution sexuelle en cours, à l'avortement ou au contrôle des naissances.

> « Je déteste être utilisée comme un gourdin pour frapper sur la tête de l'Église et la hiérarchie. Je suis une catholique fidèle et, s'il plaît à Dieu, j'ai l'intention de le rester tout au long de mes jours. Je suis sans réserve lorsque je me dis réellement une catholique obéissante », écrit-elle à une amie.

Justement, c'est parce qu'elle est une « catholique fidèle et obéissante » qu'elle trouve la force d'œuvrer pour la justice et pour la paix. C'est parce qu'elle cherche à se garder « de l'hérésie des bonnes œuvres » en se donnant le temps d'affûter les « armes de l'esprit » qu'elle peut œuvrer à créer « un nouvel ordre où il serait plus facile d'être bon », comme disait son compère Pierre Maurin. Journaliste, romancière, essayiste, scénariste pour Hollywood, militante… Oui, Dorothy est tout cela, mais elle d'abord et avant tout une contemplative qui se nourrit de la prière personnelle, des sacrements et de la lecture des œuvres des saints, au premier rang desquels la grande Thérèse d'Avila dont elle partage la fougue et l'audace.

> « Je n'oserais ni écrire ni parler ni essayer de suivre la vocation que Dieu m'a donnée de travailler pour les pauvres et pour la paix si je n'avais pas ce réconfort constant de la messe », témoigne-t-elle dans un texte publié dans le *Catholic Worker* de 1966.

« *Don't call me a saint!* », « ne m'appelez pas sainte ! », se serait exclamée Dorothy peu avant de mourir, le 29 novembre 1980.

Pourtant, vingt ans après sa mort, sa cause en canonisation est ouverte par Jean-Paul II. En 2012, Benoît XVI loue « sa capacité à s'opposer aux idéologies flatteuses de son temps pour choisir la recherche de la vérité et s'ouvrir à la découverte de la foi ». Durant son discours devant le Congrès américain, en septembre 2015, le pape François lui rend hommage en même temps que deux autres figures emblématiques du christianisme américain, Martin Luther King et le moine cistercien non conformiste Thomas Merton.

Son influence demeure bien vivante aux États-Unis, qui comptent aujourd'hui plus de deux cents communautés de *Catholic workers*, et commence à gagner la France – à Paris, dans le sillage du Simone de Lyon, des jeunes catholiques fondent en 2017 un café associatif qui porte son nom. « Nous reconnaissons que nous sommes fous et souhaitons qu'il y en ait davantage », avait avoué Dorothy Day. Elle semble en passe d'être exaucée.

Alex Rzewuski

Alex Rzewuski
le mendiant magnifique
(1893-1983)

24 décembre 1916. Les éléments se déchaînent sur le col escarpé de Hamsiköy, aux confins de l'actuelle Turquie. Pris dans la furieuse tourmente et de neige et de givre, le jeune officier russo-polonais Alexandre-Ceslas est aveuglé. Il serait seul au monde s'il n'avait pour compagnon d'infortune le cocher de sa carriole. Sans doute se voit-il mourir là, mangé par le froid, et recouvert d'un épais linceul blanc. Sans doute pense-t-il aux centaines de soldats russes atteints du typhus et qu'il devait évacuer – ordre de la Croix-Rouge à laquelle il avait offert ses services. Mais s'il ne parvient pas à franchir ce col, il n'atteindra jamais le port de Trébizonde, sur la mer Noire, où il comptait se procurer le pétrole nécessaire au convoi sanitaire.

S'il meurt là, en cette nuit de Noël, d'autres ne tarderont pas à le suivre dans la tombe. Tout lui paraît obscur, sans issue, désespéré. C'en est fini de lui et de sa mission. Lui, le réformé pour cause de mauvaise vue, aura bien peu participé à l'effort de guerre. Et pourtant, il est fils de général et pas des moindres : son père n'est autre que le comte Adam Adamovitch Rzewuski, officier des armées du tsar et membre de l'une des plus grandes familles de la noblesse polonaise – de cette partie de la Pologne qui est sous la férule russe depuis 1805.

Dans cette nuit qui s'étire, indéchiffrable, soudain, l'inimaginable se produit. « Quelque chose d'extraordinaire et d'indicible », de si puissant qu'à 80 ans passés, Alex-Ceslas s'en souviendra avec netteté dans ses mémoires, *À travers l'invisible cristal* :

> « Tout fut instantanément transfiguré. C'était le même paysage, la même neige, le même vent frappant le visage, mais tout fut comme illuminé, par une Présence, une Lumière non pas sensible, mais purement spirituelle. Et mon âme, en un instant, fut transformée aussi. En présence de ce phénomène indescriptible auquel je me sentais participer de tout mon être, j'étais envahi par la paix, et plongé dans une immense joie. »

La voiture à cheval parvient, ô miracle, à se hisser jusqu'au sommet. Les deux hommes, éreintés, échouent alors dans un refuge grouillant de malades et de blessés qui tous fuient leur triste sort dans la vodka et le tabac. Alex-Ceslas demeure silencieux. Encore habité par la paix et par la joie dans une « transfiguration » de toute sa personne qui le laisse comme ébahi. Extatique. Ce sentiment de plénitude l'étreint des heures durant, le transporte sur le chemin de Trébizonde et jusqu'à l'hôtel où la Croix-Rouge lui a ordonné d'établir son quartier général. Il finit par s'effacer pour laisser place, dans le cœur tout brûlé et tout brûlant du gracié, à une certitude : il doit se faire catholique.

Quelle étrange et dangereuse idée que celle-ci ! Étrange, car le comte Rzewuski, ce dandy qui a toujours eu un goût intempérant pour le luxe, n'est absolument pas versé dans la religion. Il est même plutôt adepte des séances d'éther et de spiritisme alors en vogue dans la haute société qu'il fréquente assidûment. Dangereuse, car la Russie tsariste considère d'un œil mauvais le catholicisme, cette religion de l'étranger qu'elle tolère tout au plus. Dans ses territoires et dans ceux qu'elle occupe, comme en Pologne, la règle est simple, lapidaire : lorsqu'un enfant est le fruit d'un mariage mixte, il doit être baptisé dans l'Église orthodoxe. Fils d'un père polonais catholique et d'une mère russo-grecque orthodoxe, Sacha – ainsi le surnomme-t-on – a donc pris la religion maternelle. Il ne pouvait en être autrement, sauf à demander une permission spéciale, celle que son grand-père avait obtenue, pour lui-même et pour son fils, de son ami intime, le tsar Nicolas Ier. Alex-Ceslas est bien au fait de tout cela, mais qu'importe. Il est pressé, dépassé par plus fort que lui. Sans plus attendre, il toque à la porte d'un couvent capucin à Trébizonde. Sa requête est accueillie non sans crainte par le religieux qui le reçoit et entre les mains duquel, dès le lendemain, il renonce, par serment, à l'orthodoxie. Il abjure la religion de son enfance. Dans le plus grand silence.

Certificat d'abjuration bien caché sur lui, le converti obtient de la Croix-Rouge un congé prolongé pour raison de santé – enfant déjà, Sacha était d'une nature fragile, anxieuse, nerveuse. En février 1917, tournant le dos au Caucase, il se rend à Kiev, en Ukraine polonaise. Son père possède une belle maison sur les hauteurs de la ville, dans le quartier de Lipki depuis longtemps prisé par la noblesse polonaise et où à présent se replient nombre de riches familles fuyant Petrograd. La vie mondaine suit tranquillement son cours dans cet îlot où l'argent coule à flots, alors même qu'en Russie la guerre s'enlise et que le climat insurrectionnel gagne les campagnes. Insouciant, désinvolte, Sacha enchaîne les pique-niques, les dîners et les bals, il fraie et s'enivre avec l'élite. Et le feu de sa conversion de s'éteindre rapidement, ou plutôt, de s'endormir sous la braise.

À l'hiver 1917, l'Ukraine proclame son indépendance. En octobre, la Révolution secoue la Russie. L'histoire s'accélère.

Rzewuski se lance dans une périlleuse expédition jusqu'à l'ancienne Saint-Pétersbourg pour y récupérer son argent à la banque. Une fois sur place, il reconnaît à peine sa ville – il y avait étudié au lycée impérial Alexandre puis, parvenu à la vingtaine, il y avait suivi des cours de dessin à l'atelier de Léon Bakst, le complice du créateur des Ballets russes Serge de Diaghilev. Parcourant les rues délabrées, le jeune aristocrate croise des soldats débraillés, drapeaux rouges à la main et slogans bolcheviques à la bouche. À la vue de ce spectacle de fin d'un monde – le sien –, peut-être se souvient-il des célébrations du tricentenaire de l'accession au trône des Romanov. Et, en particulier, de ce dîner au Palais d'Hiver en l'honneur de Nicolas II et auquel, en tant que sujet du tsar, il avait pu prendre part. Le faste insolent de l'événement l'avait séduit. Il avait tout juste 20 ans, en cette année 1913.

Sa mission accomplie, Alex-Ceslas quitte aussitôt Petrograd – Saint-Pétersbourg n'est définitivement plus – et retourne en Ukraine. Le jeune État est le théâtre de luttes impitoyables entre rouges et blancs, socialistes et nationalistes. En novembre 1918, l'Allemagne jette l'éponge, mais la paix est loin de s'installer à Kiev. Les bolcheviques grondent aux portes de la ville. Voyant la menace et la fin approcher, le général Rzewuski est plus que jamais décidé : il faut partir, et vite. Le 1er janvier 1919, avec son père, sa sœur Ada et la vieille gouvernante Mme Baba, Sacha doit s'arracher à ses amis et à la colline de Lipki, direction Florence, en Italie.

Le portraitiste à la mode

À 16 ans, Sacha était tombé amoureux de l'Italie, à la faveur d'un voyage en Europe que son père avait organisé pour consoler ses enfants de la mort, subite, de leur mère. Dans les églises, les palais et les musées de Florence, sa passion pour les arts s'était révélée à lui-même. Elle s'était confirmée en 1913, lors de son deuxième séjour, solitaire cette fois-ci – Venise l'avait conquis, sa vie culturelle autant que mondaine. Mais à l'hiver 1919, ayant perdu son insouciance et sa flamme sur le chemin de l'exil, Sacha ne trouve aucune consolation dans le pays qu'il aimait tant. Le déraciné est angoissé. Pointe alors dans son esprit fatigué l'idée de refaire sa vie à Paris.

Avec seulement quelques billets de mille francs en poche, le réfugié débarque dans la capitale en juin 1919. Il est seul. Le portefeuille aussi vide que son cœur, il ne dort que quelques nuits à l'hôtel Cambon pour se rabattre rapidement sur une pension de famille. Bien résolu à s'en sortir et à rebondir, il épluche son épais carnet d'adresses et renoue avec la fine fleur de l'aristocratie européenne réfugiée en France, comme le couple Youssoupoff, avec ses connaissances de voyage, telles Blanche Singer et sa sœur, la princesse de Polignac, ou ose frapper chez les grands noms de la société parisienne. Ainsi de Boni de Castellane, un lointain parent, grâce à qui il rencontre la Franco-Polonaise Misia Godebska, muse de Bonnard et de Renoir surnommée la « reine de Paris » et qui deviendra une grande amie.

Dandy, Rzewuski l'est toujours, mais non plus oisif comme autrefois. Il veut vivre de son art, très inspiré de l'esthétique des Ballets russes alors à son apogée. Armé de son seul courage et de son carton à dessin, il se présente dès le mois de juillet à la rédaction de *Femina,* une revue féminine à gros tirage. À défaut de pouvoir être reçu par son directeur, Pierre Laffitte, on lui promet de lui montrer ses dessins et ses caricatures. Ceux-ci font mouche et le voilà, quelques jours plus tard, envoyé à Deauville pour croquer des célébrités. Sacha, dont le talent a été repéré, a mis un pied à l'étrier. Il galopera vite jusqu'au sommet.

En signant la couverture du *Femina* du numéro de Noël 1919, celui qui désormais se fait appeler Alex Rzewuski s'impose déjà comme l'un des illustrateurs favoris du groupe de presse de Pierre Laffitte. Son coup de crayon attire aussitôt l'attention de Lucien Vogel et de son épouse Cosette de Brunhoff qui ont lancé la *Gazette du bon ton*. Collaborer à cette revue de grand luxe où sévissent Cocteau, Radiguet ou Mac Orlan est plus qu'un honneur : un accélérateur de carrière à l'international. Et de fait, les magazines les plus prestigieux d'Angleterre et des États-Unis s'arracheront bientôt ses illustrations.

Fort de cette ascension fulgurante, Rzewuski peut se permettre, au printemps 1922, de s'installer dans un pavillon cossu de la rue Théophile-Gauthier, dans le XVIe arrondissement. En juin de la même année, sa première exposition à la galerie Georges-Petit, où il présente ses illustrations, ses gouaches ou ses maquettes de costumes destinées à un film de Blaise Cendras, est une franche réussite. S'y pressent la crème de la diaspora russo-polonaise et de la bonne société parisienne – dont il fait résolument partie. Sa palette s'élargit davantage lorsque le parfumeur Daniel Jacquet fait de lui le créateur attitré des parfums Madhva, que le costumier officiel de Mistinguett lui propose de dessiner des costumes de scène de plusieurs revues du Moulin-Rouge ou que la richissime et excentrique polonaise Ganna Walska le met en relation avec la maison de couture de Jeanne Lanvin. Alex Rzewuski devient aussi, surtout, le portraitiste à la mode. Les plus belles – et/ou les plus fortunées – femmes à Paris, à Londres et aux États-Unis lui commandent leur portrait à la pointe sèche ; une technique de gravure dont il fera sa spécialité et sa poule aux œufs d'or (un portrait gravé coûte 18 000 francs or, soit 15 000 euros !).

Le coup de grâce de Mme Baba

Pour ne pas perdre la tête dans le Paris des Années folles, dans ce tourbillon de commandes et de projets, de soirées dans les cabarets russes ou au très couru *Bœuf sur le toit*, Sacha sait sur qui compter : l'éternelle et stable et fidèle Mme Baba. Il est allé jusque chez son père en Pologne pour ramener à Paris la femme qui l'a élevé et qu'il a toujours chérie comme sa vraie mère. La vieille gouvernante ne sort plus guère de la maison, rue Théophile-Gautier. Elle ne quitte bientôt plus sa chambre où, entourée de ses icônes et de ses cierges et d'un samovar toujours bien chaud, elle passe son temps à lire, à fumer et à… prier pour son petit protégé. Comme lorsqu'il était enfant, Sacha aime lui raconter ses journées, et même ses nuits, lui confier ses peurs et ses désirs, lui parler de son travail, de ses défis, de ses rencontres. Il raffole de sa simple compagnie – elle le rassure. Et même s'il préfère fermer les yeux pour ne pas regarder la réalité en face, il voit bien que la santé de sa confidente décline dangereusement – et cela le terrifie.

Mais ce qui devait arriver arriva : Mme Baba meurt le 9 novembre 1925. Avec la disparition de sa maman d'adoption, Sacha perd le seul pilier sur lequel il pouvait se reposer. Il est effondré. Anéanti. Terrassé par un sentiment immense d'abandon, de solitude, de vide que l'hiver parisien, glacial et pluvieux, ne fait qu'aiguiser jusqu'à l'insoutenable. L'étreignent à nouveau les angoisses existentielles dont il pensait s'être débarrassé pour de bon et qui l'avaient entraîné, dans sa prime jeunesse, à s'essayer aux spiritualités orientales, aux sciences occultes, à l'éther et aux poudres blanches de toutes sortes. Rongé par la tristesse, déprimé, il part se cacher dans un hôtel londonien où, abattu plus encore, il rumine un verset de l'Ecclésiaste : « Vanité des vanités, tout est vanité. »

Le petit Sacha doit malgré tout redevenir le grand Alex Rzewuski. Car les commandes n'attendent pas. Il a notamment dans les tuyaux des décors pour une grosse production américaine à Broadway. Au printemps, il rentre donc à Paris pour reprendre sa vie d'artiste et de dandy – les deux facettes sont inextricablement liées, le succès de l'une rejaillissant sur l'autre et *vice versa*. Il est encore grignoté par une impression de vacuité et de vanité, mais voilà, il faut bien faire bonne figure et avancer. Cependant, un ami proche s'inquiète pour lui, le Polonais Joseph Czapski. Peintre, fin connaisseur de Proust, ce Czapski est aussi un fervent catholique qui gravite autour du couple Maritain. Ainsi lui propose-t-il de l'accompagner un dimanche soir de 1926 à Meudon où le philosophe chrétien reçoit dans sa maison de briques rouges quiconque souhaite discuter avec lui.

Il n'est pas dans les habitudes de Rzewuski de se risquer en dehors du Paris chic pour se rendre dans une demeure bourgeoise ni de s'entretenir avec un intellectuel, une espèce rare dans les cercles aristocratiques et mondains qu'il fréquente. D'où quelques réticences. Mais à peine Raïssa lui ouvre-t-elle la porte qu'il est touché par l'amour, par le silence habité qui se dégage de ce foyer. Son époux étant encore en rendez-vous – avec Cocteau ! –, Raïssa propose aux deux visiteurs de patienter dans la petite chapelle privée. Puis vient le moment de l'entretien. Pendant près d'une heure, Rzewuski décrit à Maritain cette sensation de vide qui l'oppresse depuis toujours, qu'il avait réussi à étouffer en s'oubliant dans l'action, mais qui a ressurgi soudainement à la mort de Mme Baba.

Quand l'intellectuel lui demande s'il a la foi, le dandy rétorque par la négative, comme par réflexe. Son interlocuteur lui fait alors remarquer qu'il a tout de même patienté un long moment dans la chapelle, ce qui n'est pas rien ! Remontent alors à la surface du cœur d'Alex-Ceslas la « transfiguration » qu'il avait expérimentée à Trébizonde et sa conversion au catholicisme dans le couvent des capucins. Expérience spirituelle, quasi mystique, qu'il avait occultée, enfouie pendant dix ans – et voilà qu'une simple parole vient rallumer le feu sous la braise. Avant qu'ils se séparent, le philosophe inspiré conseille à l'artiste apaisé d'aller voir un prêtre, et pas n'importe lequel.

Vladimir Ghika, futur martyr et bienheureux, a tout pour plaire au comte Rzewuski. Le Roumain, de vingt ans son aîné, est issu d'une famille princière qui a régné sur la Moldavie et la Valachie. Il a donc baigné, lui aussi, dans les fastes du monde et reçu, lui aussi, cette éducation cosmopolite qui est l'apanage de l'élite. Pendant ses études en France, sous l'influence des dominicains, l'orthodoxe est devenu catholique. Et une fois ordonné prêtre, en 1923, le prince a choisi d'exercer son apostolat auprès des plus démunis. Quand Rzewuski lui écrit pour lui demander une entrevue, Ghika s'apprête justement à s'installer dans une roulotte, à Villejuif, pour vivre pauvre avec les pauvres de cette banlieue parisienne.

« L'expression de bonté et même de tendresse » qu'Alex Rzewuski lit sur le visage du prêtre roumain le met aussitôt à l'aise. Le premier contact est d'autant plus aisé que les deux hommes parlent le même langage. Ils commencent par des mondanités en évoquant leur cousine en commun, la princesse Bichette Radziwill, ainsi que le prince Georges Ghika et son épouse Liane de Pougy dont Rzewuski a fait la connaissance lors d'un dîner chez Ganna Walska. La discussion est agréable. Puis, sans transition, le père Vladimir, soudain grave, demande à Rzewuski de se mettre à genoux et de se confesser. Celui-ci est interloqué, totalement pris de court, et pour ne pas froisser l'homme de Dieu, obtempère sans tarder ni broncher. Plus surprenant encore, après avoir improvisé une confession, Sacha l'entend dire : « Maintenant, si vous le voulez, vous pouvez aller communier. » Quelle audace !

Dès le lendemain, Sacha pousse la porte de l'église Notre-Dame d'Auteuil, à deux pas de son pavillon et de son imprimeur. Cette première eucharistie nourrit la sérénité tranquille qu'il ressent depuis qu'il a quitté Ghika. Porté par cette paix intérieure à laquelle il n'a pas goûté depuis Trébizonde, il devient un fidèle de la messe du dimanche et de la maison de Meudon. Il s'enfonce peu à peu dans les profondeurs de Dieu, mais continue malgré tout à mener grand train, à promener son monocle si élégant dans les dîners, les cabarets et les galeries de la société la plus choisie. Seuls ses amis intimes, Joseph Czapski et Nicolas Nabokoff, sont au courant de la révolution intérieure qui s'opère en lui. Et c'est avec ce dernier que Sacha se rend à l'abbaye bénédictine Saint-Pierre de Solesmes, dans la Sarthe, pour une retraite de deux jours – « un complet éblouissement », écrit-il à Maritain.

Rzewuski mène ainsi pendant plusieurs semaines une double vie. Mais s'il parvient aisément à tromper son monde, le monde lui apparaît de plus en plus trompeur. « Vanité des vanités, tout est vanité ». Oui, l'artiste célèbre et adulé est las, terriblement las. Son cœur n'est plus dans les mondanités. Il a soif de plus. Il a faim d'absolu. Comme Ghika en son temps, il se sent appelé à renoncer à ces grandeurs qu'il a connues et aimées. Il veut donner sa vie à Dieu. Et cette radicalité à laquelle aspire tout son être passe, il le saisit à présent très clairement, par le choix de la vie religieuse. Moine bénédictin peut-être ? Les chants grégoriens des moines de Solesmes l'ont séduit, mais à bien y réfléchir, la règle bénédictine ne saurait lui convenir. Dominicain ? La suggestion vient de Jacques Maritain à qui il a fait part de son aspiration secrète. Le philosophe lui a même remis une lettre de recommandation auprès d'un fils de saint

Dominique, le père Benoît Lavaud, de l'abbaye royale de Saint-Maximin, dans le sud-est de la France.

Alors qu'il est en séjour à Gênes avec l'une de ses amies, Alex Rzewuski prétexte une urgence pour rentrer plus tôt en France. Ses pas le conduisent irrésistiblement vers la montagne Sainte-Victoire et le massif de la Sainte-Baume à l'ombre desquels repose le bourg provençal de Saint-Maximin. L'artiste est saisi par la beauté de cet écrin qui protège la vieille abbaye royale et le couvent dominicain attenant. Coup de foudre et de grâce. Le père Lavaud et le maître des novices accueillent favorablement son désir de faire un essai parmi eux. Après quelques jours de retraite, Rzewuski retourne donc à Paris pour régler ses affaires avant de plonger en eaux profondes.

D'Alex Rzewuski à frère Marie-Ceslas

Quelques semaines plus tôt, il avait réservé un billet de première classe à bord d'un paquebot au départ de Cherbourg pour New York. Sa carrière l'attendait en Amérique, mais, entre-temps, Dieu l'avait appelé à renoncer à tout pour le suivre. Comment annoncer à sa famille, à ses proches et à ses mille relations et commanditaires ce revirement brutal, total, irrévocable de toute une vie ? Il s'en sent incapable. Il ne peut tout simplement pas. Le 25 novembre 1926, il fait mine de s'embarquer comme prévu sur le transatlantique alors qu'en réalité, il descend dans le Sud pour s'ensevelir au couvent de la province de Toulouse. Seuls Czapski, Nabokoff et le couple Maritain sont dans la confidence.

Dans sa cellule exiguë et spartiate, l'habitué des palaces peut enfin respirer en Dieu.

> « Mon très cher ami, écrit-il à Jacques le 29 novembre, je veux vous dire encore combien je suis ému de votre bonté, et combien je remercie le ciel qui m'a envoyé vers vous ce printemps. C'était le commencement de la route qui m'a amené à Saint-Maximin. Je suis très heureux d'avoir fait ce choix et en remercie le Seigneur. »

À mille lieues de cette paix à laquelle le jeune novice goûte avec délices, le Tout-Paris est aux abois : mais où est donc passé Alex Rzewuski ? Est-il mort ? A-t-il fui ? La nouvelle de sa disparition se propage comme une traînée de poudre. La presse à scandale la colporte, en France comme à l'étranger, faisant ses choux gras des pires calomnies que d'aucuns déversent volontiers. Il se serait caché dans un monastère pour échapper aux avances de certaines femmes…

En décembre, un détective parisien frappe à la porte du couvent. C'est Ada, la sœur de Rzewuski, folle d'inquiétude, qui l'a chargé de retrouver son frère. Alerté, le prieur presse l'impétrant de rassurer sa famille. Peu après, c'est au tour d'un fakir – envoyé par Ganna Walska qui croit aux pouvoirs extraordinaires de l'hypnose ! – de demander à voir le comte. C'en est trop pour les dominicains : ils prient l'encombrant novice de prendre le large. La mine défaite, Rzewuski part donc « méditer » au Grand Hôtel du Roi René, à Aix-en-Provence (on ne perd pas ses bonnes habitudes !). Il comprend alors avoir bien mal géré son entrée en religion. Il regrette amèrement « la douleur et le désastre » qu'il a laissés derrière lui, la peine qu'il a causée à son vieux père… Ainsi écrit-il aux siens et à certaines de ses connaissances pour s'expliquer et faire amende honorable. Les tensions s'apaiseront progressivement, et les bouches perfides finiront par se taire faute de grain à moudre.

Les dominicains de Saint-Maximin ouvrent bientôt leurs bras au fils prodigue qui prend l'habit le 1er février 1927, à 34 ans. Sans doute n'y a-t-il pas plus radicalement opposé au train de vie d'un portraitiste mondain que l'humble quotidien d'un novice dominicain. S'il souffre du froid, et du manque de nouvelles de ses proches, Alex Rzewuski est malgré tout heureux, car à sa place. Le monde dont il doit se tenir strictement à distance pendant sa formation ne lui manque pas. Et son maître des novices a l'intelligence de ne pas totalement brimer l'artiste en lui : il lui confie la réalisation d'un grand Christ en croix d'argile.

> « Cette année de noviciat simple, malgré les difficultés extérieures que vous ne connaissez que trop bien, et qui m'accablaient les premiers temps, a certainement été l'année la plus douce que j'ai eue et que, probablement, j'aurai à vivre », écrit-il à Maritain, en janvier 1928.

Le 2 février 1931, le frère Marie-Ceslas fait profession solennelle. Peu après ce grand jour, on l'envoie à Paris pour une mission des plus particulières : un dominicain de la province de Toulouse, envoyé au Brésil avant la guerre, doit revenir en France, mais il encourt le risque d'être arrêté et condamné comme déserteur. Il faut donc régler sa situation avant de le rapatrier. Le frère Marie-Ceslas accepte volontiers de faire jouer ses précieux contacts. Ainsi déjeune-t-il avec sa grande amie Misia Godebska, devenue Sert, qui est une intime du secrétaire général du ministère des Affaires étrangères. Et le tour est joué. Cette « mission diplomatique » sera la première d'une longue série, Rzewuski veillant jusqu'à la fin de sa vie à soigner ses anciennes relations et à en créer de nouvelles dans les sphères les plus choisies.

La vie au désert

La santé fragile de Marie-Ceslas, sa grande nervosité, inquiètent ses maîtres. Le père Lavaud soupçonne même les signes d'une neurasthénie aiguë. Malgré tout, le frère est ordonné prêtre le 22 juillet 1932, dans la basilique de Saint-Maximin, en présence de sa sœur, de Vladimir Ghika et de Jacques Maritain. Celui-ci est accompagné de Jean Hugo, l'arrière-petit-fils de l'écrivain qui vient de recevoir le baptême après s'être converti, lui aussi, sous l'influence du philosophe de Meudon. Entre Rzewuski et le descendant du grand poète, le courant passe aussitôt.

Après sa première messe célébrée les mains tremblantes dans la grotte de la Sainte-Baume, le tout jeune prêtre file à la chartreuse voisine de Montrieux pour quelques jours de retraite. Là, il se découvre une âme de contemplatif, un goût certain pour la solitude et le silence profond – autrement dit, pour la vie au désert, seul avec le Seul. « Ma nature se trouve très bien dans une chartreuse », confie-t-il à Maritain. Commence alors à germer en lui le désir de se cacher avec le Christ en Dieu en devenant un fils de saint Bruno. Nommé, à partir septembre 1933, directeur spirituel du séminaire international à Fribourg, en Suisse, Rzewuski s'enfouit régulièrement au monastère tout proche de La Valsainte. C'est sans doute grâce au théologien Charles Journet, avec qui il s'est lié d'amitié peu après son arrivée, qu'il découvre la chartreuse où vit le très charismatique dom Jean-Baptiste Porion – l'auteur de l'incandescent recueil *Amour et silence* –, qu'il surnommera « dom Diamant ». Et il s'y rend d'autant plus volontiers que sa charge au séminaire ne le réjouit guère. Il serait même franchement malheureux s'il ne pouvait compter sur ses nouveaux amis : l'abbé Journet et le dominicain Jean de Menasce.

Le frère Marie-Ceslas est à deux doigts de réaliser son rêve cartusien lorsque la Seconde Guerre mondiale éclate. Rentrés s'installer en Pologne avant le conflit, sa sœur Ada et son époux, le prince Adam Lubomirksi, meurent dans de tragiques circonstances, laissant orpheline leur petite fille Ada. Rzewuski va se démener comme un fou pour que sa nièce puisse être rapatriée saine et sauve en Suisse. Le miracle a lieu à la fin de l'année 1940. L'oncle est soulagé, mais il tire résolument un trait sur la chartreuse : comment, en effet, « mourir au monde » lorsque l'on doit s'occuper d'une enfant traumatisée et esseulée ? Certes, Jean Hugo a accepté d'être le tuteur d'Ada, mais la situation est telle en France que Rzewuski refuse de l'y envoyer. La petite Ada reste donc auprès de lui, avant d'être envoyée dans un pensionnat pour jeunes filles de bonne famille.

En janvier 1946, Rzewuski devient père maître des novices de la province dominicaine de Toulouse. Un véritable calvaire pour le religieux qui ne supporte pas « l'esprit *boy-scout* » et la tiédeur spirituelle de ses jeunes novices. Ceux-ci ne sont pas attirés comme lui par l'idéal monastique – mais, n'en déplaise au père Ceslas, la vocation des frères prêcheurs n'est pas celle des fils de saint Bruno. En 1950, il adresse une énième lettre de complaintes à son provincial, menaçant cette fois-ci de démissionner s'il n'est pas déchargé de cette fonction qui l'éreinte et le déprime. Il obtient satisfaction l'année suivante, et se voit affecté à la grotte de la Sainte-Baume où il s'installe en décembre.

Les huit premiers mois dans la grotte sont difficiles. À cause de la « saleté innommable » du lieu, du froid et de l'humidité qui le laissent « transi jour et nuit », le délicat Rzewuski peine à se réjouir de vivre là où sainte Marie-Madeleine aurait passé les dernières années de son existence. Le gardien de la grotte, dont la mission est d'accueillir les nombreux pèlerins et retraitants, décide donc de se retrousser les manches. Ou, plutôt, de sortir son carnet d'adresses ! Grâce aux largesses d'une richissime mécène de Monte-Carlo, le sanctuaire s'embellit au fil du temps pour le plus grand bonheur de l'ermite. Il doit pourtant quitter la Sainte-Baume en 1955 pour l'Aude, en plein pays cathare, où on lui demande d'être aumônier d'une communauté de moniales dominicaines.

À 62 ans, le père Ceslas s'imagine pouvoir couler des jours paisibles au vicariat de Prouilhe. La laideur des bâtiments est une injure à sa sensibilité artistique, mais, là encore, grâce à de généreux donateurs qu'il a le talent de dénicher et de fidéliser, l'aumônier va pouvoir restaurer « l'horrible basilique » de style romano-byzantin du village, sans omettre de se faire bâtir un élégant ermitage. Oui, il se verrait bien vieillir là, dans une retraite bien méritée. C'était sans compter avec la curie romaine qui, appréciant ses qualités de discernement et son sens aigu de la diplomatie, le nomme en 1956 délégué du Saint-Siège, assistant fédéral des moniales dominicaines puis visiteur apostolique.

Apôtre dans le grand monde

En vertu de ses nouvelles fonctions, Rzewuski est appelé à voyager d'un bout à l'autre de la terre. Du Gabon au Maroc, de la Jamaïque à la Norvège, de New York à La Réunion, partout où le Saint-Siège le missionne, il en profite pour rendre visite à ses nombreux amis. Ainsi de la richissime Mabel Corey, dont il avait fait le portrait dans les années 1920, et qui vit désormais recluse dans un couvent new-yorkais. Ou de la veuve de l'écrivain Arthur Conan Doyle, Nina Mdivani, installée à Londres. Au gré de ces missions, il n'est pas rare de le retrouver dans les palaces et les hôtels de luxe, habillé d'un costume taillé sur mesure chez Lanvin, porte-cigarettes en argent à la main.

Même lorsque le Vatican le convoque dans la Ville éternelle pour rendre compte de son travail ou pour participer à l'une des sessions du concile Vatican II, le dominicain ne dort pas au couvent, mais dans l'appartement privé que ses cousins Caetani lui ont aménagé au sein de leur *palazzo* !

Quand il obtient, en 1970, de pouvoir enfin se retirer à Prouilhe, Rzewuski n'arrête pour autant pas de voyager à travers l'Europe. Certes, dans le silence de son ermitage, il aime prier, écrire ses mémoires et accompagner spirituellement ceux qui viennent le trouver. Mais il s'est fait un point d'honneur à garder le lien avec les membres de ces vieilles familles russes et polonaises malmenées par le XXe siècle, et dont, tout religieux qu'il est, il continue de faire partie. C'est d'ailleurs peu après une soirée au *palazzo* Polignac, à Venise, où il retrouve chaque été les derniers représentants de la vieille Europe à l'invitation du duc Decazes, qu'il meurt dans sa chambre du Grand Hôtel de l'Europe. Ainsi s'est éteint, le 13 septembre 1983, le dernier d'un nom illustre, le « prince Rzewuski » dont Liane de Pougy a si bien résumé la vie romanesque dans ses *Cahiers bleus* :

> « Il était beau, jeune, intelligent, fin, bien né ; il avait son art. Il a tout déposé aux pieds de Dieu. Il est devenu, comme il dit, un mendiant. Mendiant magnifique qui donne toujours mille fois plus qu'il ne reçoit. »

« Mendiant magnifique », on ne pourrait mieux dire. Ce monde dont il était si las lorsqu'il faisait fortune dans le Paris des Années folles, Rzewuski le converti, le fils de saint Dominique, le contemplatif attiré par la vie au désert, ne l'a jamais renié ni rejeté ni dénigré. Au contraire ! Il l'a aimé jusqu'au bout. D'où cette image de prêtre snob et mondain qui lui collera à la peau et à jamais. En réalité, Rzewuski fut un apôtre dans le grand monde, à l'image de l'abbé Mugnier surnommé le « confesseur des duchesses », et qui promena sa soutane dans le cercle mondain des arts et des lettres du début du xxe siècle.

Dieu ne lui ayant pas permis de revêtir le scapulaire blanc ni de se cacher dans une austère chartreuse, Rzewuski a cédé sans complexe à son goût resté intact pour les belles choses et, surtout, il est resté fidèle à ses origines et à ses amitiés, à cette société où la Providence l'avait placé. Et il l'a fait avec un certain détachement, avec cette formidable liberté des enfants de Dieu qui donne d'être à l'aise dans l'opulence comme dans la pauvreté. Il aurait pu faire siennes les paroles de saint Paul aux chrétiens de Philippes (4,11-13) : « J'ai appris à me suffire en toute occasion. Je sais me priver comme je sais être à l'aise. En tout temps et en toutes manières, je me suis initié à la satiété comme à la faim, à l'abondance comme au dénuement. Je puis tout en celui qui me rend fort. »

Sergei Kourdakov

Sergei Kourdakov
le persécuteur pardonné
(1951-1973)

3 septembre 1971, au large des côtes du Canada. Dix navires soviétiques, dont l'*Elagin,* sont ballottés, tels des fétus de paille, par des eaux noires et démontées. Les vents et les vagues sont en furie et terrifient même les marins les plus aguerris. Parmi eux, Sergei Kourdakov, officier cadet, second lieutenant de la Marine russe. Chef de la Ligue des jeunesses communistes à l'Académie navale de Petropavlovsk, l'activiste politique est promis à une brillante carrière dans le Parti et dans les services de la police secrète de l'Union soviétique. Il y a déjà fait ses preuves comme persécuteur acharné des croyants. Mais ces titres de gloire dont tout ambitieux communiste pourrait s'enorgueillir, il les considère désormais comme des balayures.

Ce Dieu qu'il avait jusqu'alors persécuté, il l'a peu à peu deviné dans les yeux, les attitudes et les paroles des chrétiens sur lesquels il déversait sa rage. Il a pressenti sa présence dans cette page manuscrite d'Évangile qu'il avait sauvée des flammes et dont les versets ont rallumé « la minuscule braise d'humanité » qui, au fond de lui, brûlait toujours. Ce Dieu, il ne le connaît pas encore. Pourtant il aspire à le rencontrer. Il veut partir à la découverte du « terrain inconnu » dont il a aperçu le rivage et où, il lui semble, règnent le pardon, la bonté et l'amour. Et il sait qu'il lui est impossible d'entreprendre ce long voyage en URSS, le système soviétique le retenant prisonnier, captif du mensonge. Alors il doit fuir. Fût-ce au prix de la mort.

Sergei est donc là, plié par le vent et battu par la pluie, au pied de l'immense cheminée de l'*Elagin*. Prêt à sauter dans la nuit. Un acte fou, mais vital. Il en va de la vie de son âme : « Je décidais que je préférais mourir en cherchant à trouver la vraie vie plutôt que de continuer à vivre comme je l'avais fait jusqu'à présent. » Alors il se lance et il plonge. Le froid le paralyse. Ses bottes l'attirent vers les abîmes. Le brouillard l'aveugle. Mais il nage à corps perdu pour atteindre la terre ferme et habitée avant que ses « camarades » ne réalisent sa désertion – ce serait la mort assurée. On le traquerait et l'abattrait comme une bête sans autre forme de procès. Pendant plus de quatre heures, le jeune homme se débat dans une mer déchaînée et glaciale. Il perd ses forces. Il avait calculé, en préparant son évasion, qu'il ne pourrait pas tenir plus de quatre heures et demie dans de telles conditions. Le temps est écoulé. Sa fin est imminente. Et le voilà qui prie, pour la première fois, ce Dieu dont il a tant et tant versé le sang : « Je ne te demande pas de sauver mon corps. Pourtant, au moment où il coulera, accueille mon âme au ciel ! »

Le bon larron s'abandonne à la confiance. Il lâche les armes et ferme les yeux. Alors, lentement, doucement, une énergie nouvelle s'empare de son corps et de son esprit brisés et abattus : « Je me sentis entouré dans l'eau par les bras solides et aimants du Dieu vivant comme s'il s'agissait d'une bouée envoyée du ciel ! » Le Seigneur a entendu le cri du repenti – « Souviens-toi de moi quand tu entreras dans ton Royaume ! » (Lc 23,42). Il a pris cette main tremblante qu'il lui tendait dans sa détresse. Il l'a saisie et ne la lâchera plus. Une telle présence surnaturelle dépasse son entendement, mais Dieu est là qui déploie Sa puissance dans sa faiblesse. Autrement, comment pourrait-il trouver la force d'affronter la tempête qui sévit autour de lui et en lui ?

Au bout de deux heures, le fugitif aperçoit un rocher. Il s'agrippe, grimpe, se hisse. Au sommet de la falaise, sa joie s'écrase violemment : le village qu'il aperçoit à l'horizon se situe de l'autre côté de la baie. Il faut nager, encore. Il s'y résout, poussé par le désir irrépressible de gagner cette nouvelle terre. Mais il tombe et dévale jusqu'à un ravin, écorchant sa chair contre la paroi de la roche. Son corps n'est plus qu'une plaie. Cette mer dans laquelle il se jette lui fait alors l'effet d'une « fournaise ardente ». « Dieu, tu me fais un peu subir la douleur que j'infligeais à tes enfants », pense-t-il dans sa douleur. Tout à coup, il discerne la forme d'un canot qui avance dans sa direction. Il panique. Vient-on le repêcher, le fusiller ? Il fend la mer de plus belle, s'accrochant aux lumières qui scintillent à une centaine de mètres de lui. « Dieu, après tout ce par quoi j'ai passé, ne permets pas que je meure si près de la liberté. S'il te plaît, ne le permets pas ! » Il défaille. Nuit noire.

Avant de se risquer dans les eaux, Sergei s'était confectionné une large ceinture étanche où il avait mis une poignée de photos et quelques papiers, dont son certificat de naissance – né le 1er mars 1951 à Novossibirsk, en Sibérie occidentale. Précieux sésame pour entamer une nouvelle vie, et si, par malheur, il n'y parvenait pas, il espérait que quelqu'un puisse ainsi identifier son cadavre. Mieux : qu'une bonne âme veuille bien entreprendre des recherches pour reconstituer ce que fut son existence, son bref passage sur cette terre. L'idée de disparaître comme il avait vécu, c'est-à-dire seul, le terrifiait. Car la solitude fut la compagne amère de ses premières années.

L'orphelin de Novossibirsk

Sergei, 4 ans, ne comprend pas pourquoi son père ne rentre plus à la base militaire de Novossibirsk où, avec sa mère et son frère Vladimir, ils habitent. Il est plus encore perdu lorsque, peu de temps après, Mme Kolmakov, la meilleure amie de sa maman, qu'on lui dit morte, l'accueille dans son foyer. Ce n'est qu'à l'âge de 17 ans qu'on lui révélera la vérité sur ses parents et les tragiques circonstances de leur disparition. Son père avait été un communiste d'autant plus zélé qu'il avait dû racheter les fautes de son propre paternel, un *koulak* – celui-ci s'était rebellé contre le programme de collectivisation ordonné par Staline en 1928, si bien que son épouse et lui furent séparés et déportés dans des camps de travaux forcés jusqu'à l'épuisement et à la mort. Sergei père ne fut pour autant pas récompensé : en 1955, il fut arrêté à son tour et fusillé, Khrouchtchev ayant ordonné de supprimer les officiers supérieurs reconnus partisans de Staline. Sa femme ne supporta pas le drame. Elle mourut quatre mois plus tard.

Les Kolmakov prennent soin de l'orphelin comme s'il était leur propre enfant. Mais Andrei, le fils de leur chair, n'accepte pas le rejeton. Il terrifie Sergei au point que celui-ci, en août 1957, décide de fuguer. Le petit de 6 ans échoue dans l'immense gare centrale de Novossibirsk, carrefour de la Sibérie centrale, avec trois sous en poche. Il dort sous les bancs, s'essaie à la mendicité et se nourrit de menus larcins. Le dixième jour, prit la main dans le sac, la police l'arrête et le conduit au poste – sa vie dans la rue est terminée, mais il n'a pas perdu son temps : « J'avais appris à survivre, ce qui allait s'avérer très utile plus tard. » Le gamin est alors placé au Numéro Un, un orphelinat d'État. Esseulé dans sa chambre, posté à sa fenêtre pour tromper l'ennui et le mal-être, il pense à ses parents, à son frère lui aussi disparu. La solitude ronge son cœur et ses entrailles. Un espoir se lève en lui quand, à 7 ans, il fait son entrée à l'école. La maîtresse explique dès le premier jour aux écoliers qu'ils doivent tous rejoindre les Octobristes pour devenir « les petits-enfants de Lénine ». Ce nom ne lui évoque que peu de choses, mais l'orphelin est enthousiaste, heureux de retrouver enfin une famille.

En 1960, il est transféré dans un autre orphelinat, à Verkh-Irmen, un village bordant le fleuve Irmen. À « V-I » règne une hostilité sinistre entre gardiens – appelés « oncles » et « tantes » – et enfants. Les premiers, frustrés d'avoir été placardisés par un Parti qui les méprise, se vengent sur les seconds. Victimes de violences physiques et psychologiques, privés d'attention de la part d'adultes indifférents à leur sort, nombre de gamins, dont Sergei, se transforment en voyous sans foi ni loi. Le village devient vite le terrain de jeu d'une horde de vauriens qui sème la terreur parmi les villageois. Poussés à bout, ceux-ci obtiennent des autorités provinciales la fermeture de la structure. Apprenant qu'ils allaient être dispersés dans plusieurs établissements, Sergei s'enfuit et retrouve la gare de ses 6 ans. Cette fois-ci, il tient trois semaines. Puis il est envoyé à l'orphelinat de Barysevo, à une trentaine de kilomètres de Novossibirsk.

Barysevo, c'est Verkh-Irmen en mille fois pire. Adultes et enfants se toisent et s'affrontent dans un climat de haine. La loi du plus fort y est encore plus impitoyable. Sergei s'était déjà rendu compte que le monde était une jungle où seuls les plus rusés et les plus débrouillards s'en sortaient. À présent, il comprend jusque dans sa chair laminée sans vergogne par « Oncle Nichy » que le moindre signe de faiblesse ne pardonne pas. Marche ou crève. Après la mort de son ami Sacha, fauché par la famine de 1963 dans l'indifférence la plus totale des oncles et tantes, Sergei fait un vœu : il sera « le plus dur, le plus fort et le plus malin » de tous. Il intègre les règles du jeu. Il apprend à se battre, à résister, à dominer les autres. Il s'endurcit et s'affermit, dans son corps bien bâti et son esprit acéré.

Chef né, il grimpe rapidement les échelons de la petite société organisée de Barysevo jusqu'à en devenir « le roi ». Tous les garçons, « esclaves » et « lieutenants », sont à ses pieds.

Le roi de Barysevo, qui se veut juste et bon, se plaît à connaître ses sujets. Un fait l'interpelle, qui l'avait déjà surpris à l'orphelinat Numéro Un : certains de ses camarades ne sont pas, comme lui, des orphelins. Leurs parents, toujours vivants, ont été jugés « incapables » et « indignes » par l'État et donc déchus de leur autorité parentale. Leur crime ? S'être opposés au régime, avoir sombré dans l'alcoolisme, la prostitution ou le grand banditisme, mais aussi… croire en Dieu. Parmi ces gamins arrachés à leurs parents du fait de leurs croyances religieuses figure un petit de 13 ans, surnommé « le Diacre ». Ce premier croyant qu'il voit de près est une « énigme » indéchiffrable pour Sergei. Comment se fait-il qu'il n'ait que le nom de Dieu à la bouche alors que, chaque matin, les professeurs commencent la leçon en disant : « Rappelez-vous qu'il n'y a pas de Dieu. » Un jour, voulant en savoir plus, le roi convoque l'extraterrestre qui lui semble venir « de Mars ou de la Lune » :

> « Je découvris que le Diacre était un véritable "missionnaire"… quand il commençait à parler de Dieu, il s'animait aussitôt. Son visage s'illuminait et on ne pouvait plus le faire taire ! Je n'en revenais pas. Il était un objet de curiosité pour moi ; je le pris sous ma protection et lui parlai souvent. »

Le Diacre a bien besoin de protection, car les oncles et tantes, et même les élèves, le tourmentent rudement en raison de sa foi. Mais s'il protège ce garçon qui le fascine, Sergei, lui, va embrasser avec ferveur une tout autre religion. À 15 ans, il est repéré par le directeur de l'école en vertu de son implication au sein des Jeunes Pionniers, de ses qualités intellectuelles rares et de son sens inné du leadership. Le camarade Skripko a l'intuition qu'il pourrait aller très loin, et l'encourage à s'investir dans la Ligue des jeunesses communistes de l'école pour en devenir le chef. Galvanisé par son mentor, motivé par son ambition de réussir, Sergei se jette alors dans l'étude du marxisme-léninisme et de ses objectifs :

> « L'unité de tous les peuples et la fraternité humaine. À chacun selon ses moyens, et à chacun selon ses besoins. Ces vérités trouvaient un écho en moi. Avant de les découvrir, je n'avais jamais cru en rien, je n'avais pas eu le temps d'envisager un engagement profond ou une quelconque croyance. Maintenant je croyais en quelque chose : le communisme. »

Pour Sergei, Lénine n'est plus un bon grand-père, mais un dieu dont il étudie religieusement la doctrine et les textes sacrés. Quant aux oncles et tantes de Barysevo, ils sont des traîtres à la cause – des hérétiques. Ils défigurent et bafouent le noble idéal communiste dans lequel Sergei place tous ses espoirs. Il est bien le seul dans son cercle d'amis à nourrir une telle foi : tous, peu à peu, minés par le système, tombent dans le crime, la drogue ou la prostitution. Entraîné par certains de ses intimes, Sergei finit lui aussi par céder à l'appât du gain en rejoignant une organisation criminelle de Novossibirsk. « Tout le monde doit manger, même les communistes », se justifie-t-il, pensant à son ami Sacha. Mais un soir, une opération tourne mal. Il reçoit un coup de couteau dans le dos qui aurait pu lui être fatal. Œil pour œil, dent pour dent, ses amis le vengent en balançant ses agresseurs dans l'Ob.

Alité, encore souffrant, Sergei réfléchit. Deux voies s'offrent à lui : truand prospère ou activiste politique. Il doit choisir. Le dilemme n'est pas moral, mais stratégique : laquelle des deux carrières servira au mieux ses hautes ambitions ? « Après tout, à quelques mètres de distance, dans le cimetière minuscule derrière l'orphelinat, gisait le corps de Sacha, un être bon, qui n'avait été si ni assez résistant, ni assez endurci pour survivre. Si je ne veillais pas à mon avenir, je subirais le même sort », se dit-il froidement. Sergei calcule que le chemin le plus sûr pour réussir est celui du Parti. Il avancera donc dans cette direction avec élan et détermination.

Ses efforts paient. En 1967, diplôme de fin de scolarité en poche, il reçoit une récompense en tant que chef de la Ligue des jeunesses communistes de Barysevo, reconnue comme étant la meilleure du district de Novossibirsk. Un tel honneur lui ouvre les portes de l'Académie navale de Leningrad. Sur la route vers la capitale des tsars et le berceau du communisme, le fidèle communiste s'arrête à Moscou pour accomplir un devoir : vénérer la dépouille mortelle de Lénine dans le sanctuaire qui lui est consacré. Incliné aux pieds de son dieu, il prie : « Aide-moi dans la vie, Père Lénine. Guide-moi et dirige-moi quand j'en aurai besoin. »

Sergei entame ce nouveau chapitre avec un tel brio que, dès l'année suivante, on lui propose de poursuivre ses études à la prestigieuse Académie navale de Petropavlovsk, dans la province de Kamchatka, sur la côte pacifique de l'URSS. Une chance insigne pour celui qui se destine à une carrière d'officier naval. Sa réputation d'activiste loyal au Parti le précédant, il est aussitôt nommé chef de la Ligue de l'Académie, promu ainsi, à seulement 18 ans, responsable de la formation des 1 200 futurs officiers de la marine soviétique. Sa mission : faire de ces hommes de zélés communistes. Ses moyens : une discipline de fer. Quitte à pousser certains – les plus « faibles » – au suicide… Ses succès le font remarquer jusqu'à l'élite des services de la police secrète.

Le persécuteur des *religiozniki*

Un jour de mai 1969, Ivan Azarov, l'un des majors du KGB au Kamchatka, lui propose de monter et de diriger une brigade spéciale de la police de Petropavlovsk. La fiche de poste est lacunaire, mais Sergei n'hésite pas une seule seconde à accepter, voyant là une opportunité en or pour son avenir. Sans compter que chacune des opérations policières qu'il aurait à mener serait grassement rétribuée. Sergei choisit rapidement ses hommes parmi ses connaissances. Une vingtaine de gaillards taillés pour se battre et avides d'en découdre avec quiconque. Dix jours plus tard, ils se retrouvent tous dans le bureau d'Azarov. « Vous deviendrez une unité spéciale, dont l'organisation dépendra directement des ordres reçus de Moscou, pour vous occuper d'ennemis spéciaux de l'État », leur expose-t-il sans plus de détails. On les envoie d'abord réprimer des bagarres entre ivrognes et délinquants ou débusquer des criminels recherchés par la police. « Des tâches de routine », leur assure le commandant Nikiforov. Des raids pour se faire la main, pour s'entraîner à « transformer les visages ». Les coups pleuvent. Le sang gicle. La vodka coule.

Au bout de quelques semaines, Nikiforov juge Sergei et ses hommes prêts à passer aux choses sérieuses. À entrer dans le vif du sujet. Il les convoque un soir au poste de police. Azarov est là qui prend la parole sans préambule. Leur unité fait partie d'un vaste réseau quadrillant tout le pays, placé directement sous l'autorité du bureau central du Parti et du camarade Brejnev, et dont l'objectif premier est d'éradiquer les pires ennemis de l'Union soviétique. Plus nuisibles à l'État que les plus rusés de ses opposants politiques. Plus dangereux que les plus sanguinaires des assassins. Car ces serpents s'attaquent, non pas au corps, mais à l'âme et à l'esprit du peuple en leur inoculant un poison mortel : des enseignements fallacieux, contraires aux doctrines du léninisme et du marxisme. Et ils le font en silence, insidieusement et sournoisement, avec perfidie, habileté et un air faussement innocent. Leur cible privilégiée ? Les enfants, les jeunes. « Il s'agit des *religiozniki*, des croyants », lâche Azarov.

Sergei est sous le choc. Stupéfié. Le Diacre au visage d'ange, qu'il n'a pas oublié, l'aurait-il donc trompé ? Comment se fait-il qu'il n'ait jamais pris conscience de la menace ? Qu'il ait même éprouvé une certaine fascination pour ces croyants se rendant à l'église le dimanche – il les observait, impressionné, depuis l'entrée de l'Académie de Leningrad quand il montait la garde. Il savait bien, lui, que Dieu n'existait pas. Que la religion était l'opium du peuple. Mais la liberté religieuse, inscrite dans la Constitution de l'Union soviétique, était respectée et il s'en félicitait. Il ne se doutait alors pas du nombre croissant des croyants, encore moins de leurs intentions perverses, de leur puissance de frappe et de nuisance. Grâce soit rendue à Azarov qui lui ouvre enfin les yeux !

La stratégie détaillée par le chef du KGB est claire. Première ligne d'attaque : supprimer les têtes pour que le mouvement s'effondre de lui-même. « Faites disparaître les meneurs, les cerveaux à l'origine de l'organisation secrète des croyants. Par la suite leurs disciples désabusés et désillusionnées reviendront tout naturellement dans le droit chemin », soutient-il. Deuxième levier : détruire toute la littérature religieuse et rendre les frontières soviétiques imperméables aux Bibles et à tout autre document déviant.

Désormais, Sergei en est convaincu : les croyances religieuses sont une « maladie contagieuse » qu'il convient, par tous les moyens, d'éradiquer avant qu'elle ne mette à terre et à mort le peuple soviétique. Il ressent même de l'orgueil d'avoir été sélectionné pour faire partie de la grande organisation de lutte contre les ennemis numéro un de l'État. Il se jure de s'y consacrer avec toute la fougue et l'ardeur de sa foi inébranlable dans le communisme.

Le premier raid ne tarde pas à arriver. Nikiforov a eu vent d'une réunion d'une douzaine de croyants le soir même, à 23 heures, dans une maison privée. Les instructions sont sommaires : ramener aux postes les deux chefs de bande et brutaliser les autres. Avant de la laisser partir, Nikiforov ordonne à la nouvelle unité d'opérer dans la plus grande discrétion. Sergei se rappelle alors combien Azarov a déjà insisté sur ce point. « Nous ne pouvons pas permettre à des ennemis de notre pays de dire au monde que nous persécutons les croyants et que nous n'accordons pas la liberté religieuse », lui avait-il signifié dans un rire sardonique. L'équipe se met en route, bien décidée à disperser le culte sans bruit ni ménagement. Rien ne se passe pourtant comme prévu. Sergei est d'abord saisi par la paix qui règne dans la modeste baraque : malgré son incursion, les douze ou treize personnes réunies continuent de chanter un cantique russe ! « Que faites-vous ici ? », demande-t-il. S'engage alors un dialogue aimable avec l'un des pasteurs clandestins :

> « Nous ne faisons rien d'autre, camarade, que d'user des droits établis par le fondateur de notre pays et contenus dans la Constitution soviétique. Faisons-nous du tort à qui que ce soit ? Nous croyons en Dieu et L'adorons. C'est tout. Quelle faute avons-nous commise ? », lui dit-il calmement.

Sergei est troublé. Mais oui, quel mal ont-ils donc fait ? La loi est avec eux, il ne peut que le reconnaître, et cependant, il est obligé de répondre : « Tout ce que je sais, c'est que vous violez les lois de notre pays, et c'est avec regret que je dois vous dire que j'ai le nom de deux personnes qui devront nous accompagner. » Ceux-ci n'opposent aucune résistance et se laissent embarquer paisiblement. L'affaire est pliée.

À la vue des quatorze colosses qui, tout penauds, rentrent au poste de police précédés de deux petits vieux bien propres sur eux, Nikiforov se met en rage : « On vous envoie pour les attaquer afin de protéger l'État et ils parviennent presque à vous convertir ! Donnez-moi cent assassins en liberté plutôt qu'une demi-douzaine de ces empoisonneurs du peuple ! Voici les sangsues qui sucent le sang du peuple russe. Nous devons écraser et détruire ces éléments nocifs. » La diatribe secoue Sergei dont le trouble tourne soudain en colère. Celle de s'être « laissé duper par ces croyants ». Il se promet de ne plus tomber dans leur piège. Et de fait, au fil de leurs descentes régulières chez ces nuisibles, lui et ses hommes prennent goût à les brutaliser. Les vieilles femmes inoffensives à genoux et en prière subissent les mêmes traitements que les vauriens ivres et violents des bars malfamés du port de Petropavlovsk.

Un baptême de sang

Au mois d'août 1969, un dimanche, une proie de choix se présente à la gueule des loups. Un espion infiltré au sein des croyants a en effet informé Nikiforov que des baptêmes seraient célébrés au bord du fleuve Avacha, au pied des montagnes d'Elizovo. Cachés dans les arbres et les buissons, Sergei et ses sbires guettent le début des festivités. Bientôt une vingtaine de personnes sortent de la forêt et se rassemblent sur la plage. Des prières et des cantiques s'élèvent dans un ciel sans nuage. Puis un homme s'avance dans l'eau claire, sept jeunes en robes blanches le suivent tout en chantant. Sergei est frappé « par la beauté et la sérénité de la scène ». Malgré tout, il lance l'assaut. Lâche ses bêtes. Déflagration de violence. Aux hurlements et aux cris se mêlent des prières qui rendent fou Sergei : « J'ouvris alors la bouche d'un croyant d'un coup sec, et je la lui bourrai de sable, jusqu'à ce qu'il ne pût plus prier. » Les bourreaux chargent leurs victimes dans le fourgon, dénudent et violentent les jeunes filles… jusqu'à leur QG où ils les jettent dans des cellules pour la nuit. Le pasteur recherché par la police manque à l'appel. On le retrouvera bientôt noyé dans le fleuve, le crâne fracassé. Baptême de sang.

Sergei étouffe la voix de sa conscience qui parfois se fait entendre. Dès qu'il éprouve du dégoût ou de la honte, dès qu'il perçoit le moindre remords poindre en lui, il se répète son mot d'ordre : parvenir au sommet, quoiqu'il en coûte. Sa quête n'est même plus motivée par un quelconque idéal – sa foi dans le communisme s'est effondrée. Elle s'est fracassée contre le spectacle de hauts fonctionnaires du Parti se riant de l'écart entre les belles promesses et l'effroyable réalité, les utilisant même, pour leurs propres avancement et jouissance. Oui, Sergei est prêt à jouer, à leur exemple, le jeu de l'hypocrisie et du cynisme, si de telles attitudes peuvent l'aider à décrocher la première place. Son cœur est devenu de pierre et il s'endurcit au fil des raids qui s'enchaînent de plus en plus vite.

66, rue Okeanskaya. Sergei enfonce la porte. « Que faites-vous ? », hurle-t-il à une quinzaine de personnes à genoux. « Nous prions Dieu », répond l'un d'eux. « Vous priez dans le vide. Votre Dieu, où est-il maintenant ? Qu'il vous vienne en aide ! » La bagarre commence. Les matraques et les couteaux s'abattent aveuglément sur les croyants, jeunes et vieux, hommes et femmes. Dans le chaos, les yeux de Sergei tombent sur une « belle jeune fille » que l'un de ses nervis, Victor, projette contre le mur. « Quel dommage qu'elle soit croyante », songe-t-il, reprenant aussitôt le saccage de l'église clandestine. « Cherchez les livres ! », fulmine-t-il. Les papiers des croyants sont saisis – la « belle jeune fille » s'appelle Natacha Zhdanova. Deux hommes sont arrêtés et embarqués au poste.

> « Quand nous parlons de Dieu aux gens, nous savons, bien sûr, qu'il y a des espions parmi eux. Nous savons quels sont les risques. Mais pour nous il est plus important de prendre la responsabilité de partager notre foi avec d'autres que de penser à notre propre sécurité », témoigne l'un d'eux.

Trois jours plus tard, nouvelles instructions. Les loups s'élancent vers leur bout de viande, mais sans grand entrain. Car les croyants sont comme des agneaux : ils se laissent conduire à l'abattoir sans attaquer, sans rendre coup pour coup ni même résister ou se défendre. Si bien qu'après chaque raid, les loups restent sur leur faim. Cette chasse-là, pensent-ils, sera donc comme toutes les autres : rapide et sans surprise. Sauf que non. Arrivés sur place, ils n'en reviennent pas : dans la maison de la rue Nagornaya, il n'y a que des jeunes gens. Et parmi eux… Natacha. Sergei la dévisage. Sa beauté le bouleverse. Il s'approche d'elle, la prend dans ses bras et… la balance sur une table, la dénude et la frappe. Ce corps qu'il désirait tant se transforme rapidement en masse de chair vive. Que Sergei, vidé de ses forces, finit par balancer par terre. « Nous ne reverrons plus jamais cette "belle" », lance-t-il à Victor.

Le lendemain, Sergei surprend un interrogatoire entre Nikiforov et l'un des jeunes arrêtés la veille. Il écoute, et l'assurance du croyant au visage transformé l'ébranle : « Crois-tu en Dieu ? – Oui. – Es-tu bête, idiot ou tout simplement dérangé ? – Eh bien, Monsieur, vous ne pourrez jamais comprendre pourquoi je crois ce que je crois… – Pourquoi dis-tu cela ? Crois-tu que je sois stupide ? – Vous ne comprenez pas parce que vos yeux sont fermés à la vérité… » Nikiforov, excédé, jette l'homme en cellule et conclut devant Sergei : « Ces gens sont fous. »

Sergei en convient. Mais cette folie l'intrigue. Il plonge alors le nez dans le dossier de Natacha qu'il s'est facilement procuré.

Il en sort encore plus intrigué : la belle Ukrainienne est une convertie. Avant de tomber entre les griffes des croyants, elle était un membre actif de la Ligue des jeunesses communistes de son école. Sergei poursuit son enquête en se rendant à la *Pravda* où Natacha est correctrice d'épreuves. « Elle est une employée parfaite », lui assure-t-on. Sergei compte bien la remettre dans le droit chemin. Peut-être n'est-il pas trop tard. Ainsi la convoque-t-il au poste de police pour la sermonner et l'intimider. En vain… La jeune femme lui explique même pourquoi elle croit en Dieu ! Et une semaine plus tard, Sergei la retrouve mêlée à des croyants dans une maison de la rue Pograshny. Plusieurs de ses hommes la voient comme lui. L'un d'eux fonce vers elle, le regard dévoré par la haine, mais il n'a pas le temps d'abattre sa matraque… car Victor s'est planté devant lui : « Elle a quelque chose en elle que nous n'avons pas ! Personne ne la touchera. Personne ! » D'un signe de tête, le chef de la bande ordonne à Natacha de s'enfuir. Il voudrait courir après cette âme forte et courageuse pour lui demander son secret : « Quel est donc ce quelque chose que je n'ai pas ? » Mais il reste là, immobile, comme paralysé. Et la belle de retourner bientôt en Ukraine.

> « À son départ j'éprouvai une tristesse étrange. Pour la première fois, j'eus le sentiment que ces gens n'étaient peut-être pas des imbéciles et des ennemis comme je le pensais. Natacha avait ébranlé toutes mes idées sur les croyants. »

« Pardonne-lui, mon Dieu »

Les semaines passent, et les raids se multiplient à mesure que le nombre de convertis augmente. Surtout parmi les jeunes. Ce que Sergei ne parvient pas à s'expliquer. Pourquoi ces enfants de l'URSS, vils ingrats, se tournent-ils un jour vers

Dieu comme Natacha ? Et que peuvent-ils donc bien trouver dans cette littérature introduite secrètement dans le pays ou copiée dans des cahiers scolaires ? Dans cette camelote qu'ils se refilent de main en main au péril de leur vie ? Sergei avait saisi un nombre incalculable de ces documents au fil de ses opérations et les avait entassés dans le sous-sol du poste de police. Un jour de juillet 1970, Nikiforov lui ordonne de descendre avec l'un de ses séides pour brûler le butin. Il obéit, mais dévoré par la curiosité, sauve des flammes deux pages d'un carnet d'enfant qu'il cache dans sa poche avant de remonter.

La nuit même, dans son lit de l'Académie, il déplie les feuilles chiffonnées et se met à lire l'extrait manuscrit de l'Évangile de Luc, chapitre 11 – un chapitre qui s'ouvre avec la prière du *Notre Père* que Jésus récite en réponse à la demande de ses disciples : « Seigneur, apprends-nous à prier. »

> « Tout à coup, les mots sautèrent de ces pages et s'imprimèrent dans mon cœur. Je poursuivis ma lecture, absorbé par les paroles pleines de bonté de Jésus. Elles étaient tout le contraire de ce que j'avais imaginé. Les œillères de mon incompréhension me quittèrent instantanément… Voilà donc ce à quoi Natacha croyait ? »

Les paroles de Jésus le poursuivent et le harcèlent durant plusieurs semaines. Sergei revient vers elles et elles reviennent à lui avec la même force que le visage et le regard de Natacha.

> « La Sagesse de Dieu a dit : Je leur enverrai des prophètes et des apôtres ; ils en tueront et pourchasseront, afin qu'il soit demandé compte à cette génération du sang de tous les prophètes qui a été répandu depuis la fondation du monde » (Lc 11,49-50).

Ses mains sont pleines de sang… et si ce sang, du sol, criait vers Dieu ? Sergei devra-t-il en rendre compte au soir de sa misérable existence ? Est-il responsable de son frère ? Sa vie l'écœure, il veut s'en détourner. Donc fuir l'URSS. Il complote une évasion vers la Hongrie pendant ses vacances, mais au vu du danger, il y renonce. Et, la mort dans l'âme, reprend le chemin de Petropavlovsk et de son QG. Pendant les raids, sa férocité à l'égard des croyants est à la mesure de son désespoir. Il dérobe son cœur de pierre aux coups de semonce de la Parole. Mais le coup de grâce, bientôt, va tomber.

Un dimanche d'octobre 1970. La horde pénètre dans une église clandestine. Carnage habituel. Sergei lève son bras armé sur une vieille femme apeurée qui se met alors à prier à voix haute : « Dieu, pardonne à ce jeune homme. Montre-lui le vrai chemin. Ouvre-lui les yeux et aide-le. Pardonne-lui, mon Dieu. » Ulcéré par ces mots qui lui sont insupportables, Sergei s'apprête à frapper plus fort encore, mais « quelqu'un » lui saisit le poignet et l'en empêche. Il se retourne. Personne. Il en est foudroyé de crainte. Dépassé. Il lâche son arme, se précipite dehors, court et… explose en larmes. Une première depuis ses 4 ans. Quand il rentre au poste le soir même, après avoir erré et pleuré pendant des heures, Sergei est déterminé. C'était son dernier raid – en deux ans, il en avait dirigé près de 150. Il n'en fera pas un de plus. Fini le KGB. Azarov sort le grand jeu pour le retenir sous sa coupe, il lui propose de l'envoyer là où est formée l'élite de la police secrète. Non. Sergei retourne à l'Académie navale où, en janvier 1971, il décroche son diplôme d'officier-radio. Au mois d'août, il embarque sur l'*Elagin*.

Le matin du 4 septembre 1971, Sergei ouvre péniblement les yeux. Une infirmière est penchée à son chevet… Explosion de joie : grâce à Dieu, oui, à Dieu, il est au Canada ! Le miraculé reçoit bientôt, mais non sans peine, l'asile politique et son cas est rapidement médiatisé. On veut le rencontrer, l'interviewer, l'aider à s'intégrer. Sergei accepte volontiers, mais sa priorité est de trouver Dieu pour le servir. Une « faim spirituelle » le tenaille en effet. Il prie, il jeûne et scrute la Bible. Il cherche éperdument ce « quelque chose » que Natacha avait et dont dépend désormais son bonheur. Quête ardente qui le conduit jusqu'à une petite église ukrainienne à Toronto où, un certain jour, il reçoit en plénitude la paix de Dieu :

> « J'abandonnai ma vie à Jésus-Christ, et il entra dans ma vie. En ce jour merveilleux, je naquis à nouveau, et enfin l'agitation, le vide, la dureté et le néant furent balayés de ma vie et je fus rempli de la présence de Jésus-Christ ! »

Le persécuteur devient témoin du Christ. L'Évangile de la Vérité le presse, le pousse dans les églises et jusque sur les plateaux de télévision pour raconter son chemin de Damas et le sort des chrétiens dans le bloc communiste. Il se sait surveillé et suivi de près par Moscou. Un après-midi, alors qu'il sort du métro, trois hommes le menacent dans un russe impeccable : « Si tu ouvres encore la bouche, tu auras un "dernier accident". » Mais pour l'amour de Dieu et de son peuple, Sergei ne se taira point. « Puisque je leur avais ôté la vie, j'avais une dette à leur égard. » Alors il parle… Et le 1er janvier 1973, il est retrouvé mort, une balle dans la tête. Il allait avoir 22 ans. « Heureux ceux qui sont persécutés pour la justice, car le royaume des Cieux est à eux » (Mt 5,10).

Takashi Nagai

Takashi Nagaï
l'agneau de Nagasaki

(1908-1951)

23 novembre 1945. Nagasaki. Sur les noires décombres de la cathédrale d'Urakami, le docteur Takashi Nagaï, traits émaciés, cheveux et barbe non taillés, se lève, fébrile. S'incline. Pose son regard de feu sur les visages brûlés, boursouflés, abattus de ses frères rassemblés par leur évêque dans une messe de requiem. L'air est vicié, saturé de l'odeur de cette mort que la bombe A, larguée le 9 août à 11 h 02, continue de semer dans les cœurs. Takashi, lui aussi, pleure les quarante mille victimes, sur le coup réduites en cendres. Parmi elles, huit mille catholiques, dont Midori, son épouse bien-aimée, et 80 % des malades et du personnel de l'hôpital où ce spécialiste en radiologie était de garde ce jour-là.

Mais dans la hutte de 7 mètres carrés qu'après le drame il s'est construite sur les ruines même de leur maison, Takashi s'est efforcé de « contempler le sens de l'événement ». Quand les flammes dévoraient la cathédrale, il savait déjà « qu'elles apportaient la lumière de la paix… Ce n'était pas le fruit du hasard mais de la providence ». C'est cette autre « bombe » qu'aujourd'hui il veut envoyer à ses frères pour les remettre debout. Les restaurer dans leur dignité de fils du Crucifié-Ressuscité. Voix qui crie dans le désert nucléaire :

> « C'est la providence de Dieu qui choisit notre Urakami et amena la bombe au-dessus de nos maisons. N'y a-t-il pas un rapport profond entre l'anéantissement de Nagasaki et la fin de la guerre ? Nagasaki n'était-elle pas la victime choisie, l'agneau sans taches, holocauste offert sur l'autel du sacrifice, tuée pour les péchés de toutes les nations pendant la Deuxième Guerre mondiale ? »

Brouillard et vent ont obligé le B-29 à changer de cible et à larguer « Fat Man » au-dessus d'Urakami, le quartier catholique. Mais comment Takashi peut-il voir, dans ce concours de circonstances, le doigt de Dieu ? Cris outrés, lourds sanglots dans l'assemblée. Imperturbable, le prophète poursuit et conclut : « Soyons reconnaissants car, à travers ce sacrifice, la paix a été donnée au monde ainsi que la liberté religieuse au Japon. »

Héraut de la paix sur une terre calcinée par la haine, Takashi Nagaï le sera jusqu'à ce que la leucémie l'emporte à l'âge de 43 ans, le 1er mai 1951. Dans sa cabane-ermitage située au cœur de l'épicentre du cataclysme et appelée « Nyokodo », ce qui signifie « Lieu où l'on aime les autres comme soi-même », l'invalide consacrera son temps à prier, éduquer ses deux enfants rescapés de la mort, écrire documents scientifiques, livres et poèmes – dont *Les Cloches de Nagasaki* – et recevoir des visiteurs du monde entier avides de paroles de sagesse et de conseils spirituels. Aux enfants des rues comme à l'empereur japonais Hirohito, un seul cri partagé : celui d'une folle espérance qui pardonne la bestialité folle des hommes. Deux jours après sa mort, vingt mille personnes de toutes confessions et classes sociales assisteront à ses funérailles. Cloches et gongs chanteront ensemble en mémoire de celui que l'on désignera comme le « *Gandhi japonais* ». Et pourtant… Rien ne destinait cet athée chevronné à mourir croix sur le cœur et chapelet à la main.

Le regard d'une mère

Dans son « université au toit de chaume » – sa maison d'enfance dans les vallées de Mitoya, au nord-est d'Hiroshima – l'aîné de cinq enfants reçoit de ses parents la passion des sciences physiques. Il veut faire comme son père Noburo, médecin précurseur : importer la médecine occidentale dans la culture japonaise. Parce qu'il croit à cœur perdu, non pas aux dieux, mais à la science, « seul moyen de découvrir la vérité », l'étudiant en médecine écarte toute religion de son horizon. Le shintoïsme comme le bouddhisme zen lui sont indifférents. Quant au catholicisme, cette chose étrangère à « l'esprit du Japon », il la toise du haut de son patriotisme et de son savoir.

Les chrétiens japonais, en plus d'être superstitieux, ne sont-ils pas des traîtres envers le *kokutaï*, le seul régime national ? Takashi, pourtant courtois, se moque allégrement des chrétiens de Nagasaki. Il en croise des centaines chaque jour, sa faculté étant située à cinq cents mètres de la grande cathédrale de briques rouges d'Urakami. Orgueil de l'intelligence qui lui rend insupportables même les deux lourdes cloches qui, trois fois le jour, sonnent l'Angélus.

> « Dès mes années d'humanités, écrira-t-il bien plus tard, j'étais devenu prisonnier du matérialisme. À peine entré à la faculté de médecine, on me dit de disséquer des cadavres. C'était là, me disait-on, tout ce qu'il y avait dans l'homme. J'en conclus aisément que l'homme n'était rien que matière. La merveilleuse structure de l'ensemble du corps, l'organisation minutieuse de ses moindres parties, tout cela causait mon admiration. Mais ce que je maniais ainsi, ce n'était jamais que pure matière. »

Aveuglé par les Lumières venues de l'Occident, et qui écrasent le Japon de ce début du XXe siècle, Takashi réduit l'homme à sa matérialité la plus froide et, paradoxalement, la plus désincarnée. « Pour moi qui ne voyais la vérité que sur le chemin scientifique, je niais donc l'existence de l'âme », résume l'athée convaincu car acquis au matérialisme scientiste. Jusqu'à ce jour de printemps 1930 où les yeux agonisants de sa mère dessillent les siens, ébranlent ses convictions, balaient ses illusions…

> « Elle respirait encore, me regardait fixement et c'est ainsi que sa fin arriva. Par ce dernier regard pénétrant, ma mère démolit le cadre idéologique que j'avais construit. Cette femme, qui m'avait mis au monde et élevé, cette femme qui ne s'était jamais donné un moment de répit dans son amour pour moi […], aux derniers instants de sa vie, me parla très clairement ! Ses yeux parlèrent aux miens, avec finalité : "Ta mère prend maintenant congé de toi dans la mort, mais son esprit vivant restera aux côtés de son petit, Takashi." Moi qui étais si certain qu'il n'existait rien de tel, elle me disait le contraire et je ne pouvais pas ne pas y croire ! Son regard me disait que l'esprit humain continue de vivre après la mort. Tout cela venait comme une intuition, une intuition qui avait la saveur de la vérité. »

Un regard qui, tel un glaive, transperce son cœur d'acier trempé. Dans l'étroite brèche vient s'engouffrer une parole de Blaise Pascal qu'un professeur de littérature avait un jour citée en cours : « L'homme n'est qu'un roseau, mais c'est un roseau pensant. » Effondré solitaire sur le pont du vapeur qui le ramène à Nagasaki, le jeune homme endeuillé plonge dans un des livres qu'il avait emportés avant de se précipiter au chevet de sa mère : *Les Pensées.* Au gré de leurs mouvements, le voilà qui pénètre peu à peu en eaux profondes. Non sans boire la tasse car tout, dans ces pages, le heurte et le déplace et le secoue :

> « Mes pieds collaient au sol, mon regard essayait vainement d'atteindre les étoiles, et mon cœur brûlant d'impatience s'agitait dans le vide. À coup sûr, ce que disait Pascal était la vérité : et pourtant je ne parvenais pas à la saisir, cette vérité, comme une authentique réalité. L'âme, l'éternité, Dieu… Notre grand prédécesseur, le physicien Pascal y avait donc cru sérieusement ! Ce sage incomparable y croyait vraiment ! », s'étonne-t-il, perplexe.

Quelle est donc cette foi catholique pour qu'un illustre scientifique aux inventions géniales ait pu « l'accepter sans contredire sa science » ? Si l'on peut être tout à la fois savant et chrétien, raisonné et mystique, les pieds sur terre et la tête au ciel, cela signifie-t-il que la foi et la raison ne s'opposent pas ? Pire : que sans l'aide et le secours de la foi, la raison humaine ne peut accéder aux réalités les plus hautes et les plus essentielles ? Qui lui fera voir cette vérité absolue dont parle Pascal et qui le révulse tout en l'attirant ?

Quand Takashi retrouve les bancs de l'université, il n'est plus le même homme – son cœur, nous l'avons dit, s'est attendri. Il peine à supporter chez ses professeurs et ses camarades ce qu'avant il estimait : l'athéisme radical, la froideur médicale, l'orgueil du savant qui, en réalité, ne sait pas grand-chose… Une petite voix le poursuit, de jour comme de nuit, et le tourmente : « Que signifie notre vie ? » Tenaillé par cette question, il se jette sur les biographies de « toutes sortes de gens », notamment de philosophes, et engloutit leurs écrits compliqués. Mais au lieu d'avancer dans sa quête, il s'empêtre :

> « Obstinément j'essayais de suivre les raisonnements démoralisants d'un bon nombre d'auteurs modernes qui en venaient à dire que la vie est incompréhensible. Pourtant, plus je m'efforçais de penser par moi-même, plus

> je commençais à voir que la naissance, la vie et la mort peuvent être et devaient être simples. »

Takashi est sur la bonne voie : plutôt que se laisser fasciner par les « idées nouvelles » et suivre l'air du temps, il veut penser par lui-même et faire confiance à son intuition profonde. Il sent bien qu'il doit lâcher un je-ne-sais-quoi au niveau du cerveau, cet organe qui aime tant compliquer les choses là où le cœur aspire à la simplicité. Mais comme il le remarque, penser par soi-même et écouter sa voix intérieure – celle, autrement dit, de sa conscience, ce sanctuaire inviolable, centre le plus secret de l'homme – requiert un certain effort. Et le premier pas de cet effort, c'est la mise à l'écart. Ainsi le jeune homme aime-t-il partir seul sur la colline pour méditer dans le silence de la nature. « Rester dans le tourbillon du monde, c'est s'agiter sans savoir ce que l'on fait et où l'on va. Allez à la montagne. Les nuages passent, mais les montagnes demeurent fidèles », conseillera-t-il bien des années plus tard à deux soldats déboussolés venus trouver le sage dans sa cabane-ermitage.

Lors d'une de ses promenades solitaires, au printemps 1931, Takashi ouvre *Les Pensées* à la page du « Pari ». « Si vous trouvez quelque chose de convaincant ou d'attirant dans ce que je dis, sachez que cela vient d'un homme qui se met à genoux », écrit Pascal. Takashi est attiré. Non pas convaincu. Il n'est en tout cas pas prêt à s'agenouiller aux pieds d'un Dieu dont il ne croit même pas en l'existence ! Mais si Pascal avait raison en écrivant que Dieu se révèle davantage aux « yeux du cœur » qu'à ceux de l'intelligence ? Ne devrait-il pas tomber à genoux pour faire tomber sa tête dans son cœur ? Takashi réfléchit… Pour contourner le problème, il trouve un stratagème : il va chercher une famille catholique prête à le loger pendant sa quatrième et dernière année d'études. Ainsi pourra-t-il s'approcher du mystère sans se brûler, vérifier une hypothèse sans trop s'engager. Son choix s'arrête sur le couple Moriyama qui habite à deux pas de la cathédrale – leur fille unique, Midori, est institutrice et habite dans un autre village. Il ne sait pas encore que cette maison à deux étages a été, pendant deux siècles et demi, le quartier général d'une communauté chrétienne clandestine. Le père descend en effet d'une de ces vieilles familles chrétiennes évangélisées par la Compagnie de Jésus et ensemencées par le sang du martyre.

Nagasaki, terre des martyrs

Le 15 août 1549, le navarrais François-Xavier a débarqué à Kagoshima et plante la croix au Japon. En un peu moins de cinquante ans d'évangélisation, le pays compte déjà plus de trois cent cinquante mille catholiques. D'abord bien accueilli par les autorités locales, le christianisme est vite rejeté par le gouvernement japonais qui y voit l'instrument d'une mainmise étrangère. Les Jésuites apparaissent comme une menace. Les Franciscains plus encore. Leur expulsion à tous est décidée en 1587 par le général Toyotomi Hideyoshi, pris de panique face au nombre croissant de convertis au Christ dans les rangs des samouraïs, de l'aristocratie locale et du peuple.

En février 1597, sur une haute colline de Nagasaki, Paul Miki, un jésuite japonais de 33 ans, et ses vingt-cinq compagnons sont crucifiés devant quatre mille catholiques – dont les Moriyama – face à la mer. Face à l'Occident, ces vingt-six croix fraîchement taillées sont pointées contre la chrétienté. C'est du moins le message que veut envoyer le dictateur Hideyoshi. En réalité, et à la plus grande stupeur de celui-ci, le bain de sang qu'il espérait provoquer s'est transformé en une démonstration de force chrétienne. Parce qu'il parle le « langage de la croix », Paul Miki trouve les mots justes avant de pardonner à ses bourreaux :

> « Je suis japonais et frère de la Société de Jésus. Je n'ai commis aucun crime. La seule raison pour laquelle je suis condamné est que j'ai enseigné l'Évangile de notre Seigneur Jésus-Christ. Je suis heureux de mourir pour cela et j'accepte cette mort comme un grand cadeau de mon Seigneur. »

Puis la tempête se calme. Un temps seulement, car les vagues des persécutions redoublent sous le pouvoir du général Ieyasu Tokugawa. En 1614, le christianisme est interdit, les prêtres, poursuivis, les missionnaires, déportés, la délation, encouragée pour éradiquer ces chrétiens qui reconnaissent le Christ comme leur *shunkun*, leur seigneur. C'est l'apostasie ou la mort – et une mort dans les plus atroces souffrances. Des milliers de *kirishitan* sont ainsi décapités, crucifiés, brûlés vifs ou aspergés d'eau brûlante. Jusqu'en 1873 et la levée officielle de l'interdiction du christianisme, le petit reste des chrétiens japonais gardent secrètement le dépôt de la foi. Une ferveur des catacombes, sans prêtres ni symboles. Mais avec une espérance : l'Église reviendrait au Japon. Et les *kirishitan* la reconnaîtraient à trois signes : le célibat des prêtres, la dévotion à la Vierge Marie et l'obéissance au pape-*sama* à Rome.

Takashi connaît l'histoire, évidemment. Mais jusqu'alors, on lui avait parlé de ces chrétiens comme de terribles fanatiques. Or cette version officielle qu'il n'avait jamais pensé réfuter ne colle pas à la réalité qu'il découvre au quotidien. Une réalité humble, généreuse et solidaire, fervente. De sa fenêtre d'étudiant, il voit les chrétiens d'Urakami, jeunes et vieux, s'agenouiller dans les champs pour réciter l'Angélus. Il rencontre le sonneur de cloches de la cathédrale qui lui fait visiter l'édifice construit par de modestes paysans et pêcheurs japonais à la sueur de leur front et de leur foi. Surtout, il est marqué par l'exemple de ses hôtes dont la prière, fidèle et simple, le touche.

Mars 1932, Takashi a bientôt 24 ans. Il passe si brillamment ses examens finaux qu'il est désigné pour prononcer le discours de remise des diplômes. Quelques jours avant la cérémonie, un mauvais froid le terrasse brusquement. Le médecin de garde de l'hôpital craint une méningite qui pourrait lui être fatale. Les Moriyama envoient alors à son chevet une vieille et brave femme d'Urakami pour l'assister durant toute sa maladie – la coutume est ancestrale. Veillant nuit et jour à côté de son lit, cette chrétienne ne lâche pas son chapelet qu'elle égrène à voix haute, au grand réconfort de Takashi. Elle supplie la Vierge de garder en vie le jeune homme qu'elle ne connaît pas et que pourtant elle aime. Sans doute prie-t-elle aussi pour sa conversion au Christ, pour la naissance de son âme à la vraie vie, à l'image des Moriyama. « Peut-être Dieu nous l'a-t-il envoyé pour cela », répète en effet le père à sa femme et à sa fille Midori.

Le ciel n'est pas sourd aux appels de cette famille : Takashi guérit comme par miracle. Cependant, et c'est un coup dur, son oreille droite est condamnée, lui rendant impossible l'utilisation du stéthoscope, et mettant ainsi fin à son rêve de faire carrière dans la médecine interne. Le jour même où il apprend la triste nouvelle, un administrateur de l'hôpital lui propose de devenir assistant du docteur Suetsugu en radiologie. Il accepte, certes à contrecœur, mais bientôt le professeur lui présentera ce domaine de recherche, encore balbutiant et mal considéré au Japon, comme l'avenir de la médecine. Au jeune assistant, Suetsugu ne cache pas les dangers liés à l'exposition aux rayons non encore maîtrisée. Il lui parle de tous ces chercheurs « martyrs de la vérité scientifique, morts pour tous les malades du monde qui seront sauvés par les rayons X ». Ce discours rejoint l'aspiration profonde de Takashi : donner sa vie pour une noble cause. Le jeune médecin se lance, enthousiaste, dans l'étude de cette science introduite par son mentor.

Noël, « voici l'humilité »

Le 24 décembre 1932, Moriyama père propose à Takashi de les accompagner à la messe de minuit. Midori, en vacances chez ses parents, insiste plus encore. « Mais je ne suis pas chrétien ! », se défend-il. « Peu importe, répond le père, les bergers et les rois mages qui vinrent à l'étable ne l'étaient pas non plus. Pourtant quand ils virent l'enfant, ils crurent. Vous ne pourrez jamais croire si vous ne venez pas prier à l'église. » L'argument au ton pascalien vainc les dernières résistances de celui qui s'entend répondre : « Oui. » La liturgie, chantée par cinq mille chrétiens, le bouleverse. Le silence fervent le frappe. Le sermon du vieux prêtre l'interpelle : « Voici l'humilité dont nos esprits savent qu'elle est vérité et nous rend libres. Voici le salut que nos cœurs désirent. » Dans un livre où il fera le récit émerveillé de cette première messe, Takashi soulignera avoir senti alors « Quelqu'un proche de [lui] qu'il ne connaissait pas encore ». Mais de retour dans sa chambre, quelque chose le retient toujours de se livrer à cette présence aimante, aussi surnaturelle que bien réelle. Un certain discours rationaliste dans lequel il baigne à l'hôpital. La nuit suivante, Takashi sauve la vie de Midori dont l'appendice aurait éclaté s'il ne l'avait pas conduite d'urgence à l'hôpital. Leurs destins sont désormais liés.

Janvier 1933, Takashi reçoit un ordre de mobilisation pour le 2e régiment d'Hiroshima. « S'il vous plaît, revenez sans blessure ; je prierai pour vous tous les jours », lui glisse Midori la veille de son départ vers l'ouest, en Mandchourie où la guerre sino-japonaise fait rage. La jeune femme ne se contente pas de réciter le chapelet : elle envoie au soldat un petit catéchisme catholique qui échappe de justesse à la censure du bureau des affaires spéciales de l'armée japonaise. Takashi commence à lire et un malaise profond le gagne lorsqu'il arrive au passage sur les dix commandements :

> « Soudain, je me sentis sale. S'il y avait un Dieu, s'il y avait un diable, j'avais passé ma vie à observer les dix commandements du diable : orgueil, luxure, convoitise, gourmandise, colère… j'avais fait tout ce que le livre disait être mal. »

Le jeune homme est renvoyé, tout honteux, à ses péchés d'ivrognerie et de luxure. Alors il s'accroche à la promesse et à la foi de Midori : elle prie pour lui et même si lui ne croit pas en Dieu, sa prière à elle pourra peut-être le sauver de l'absurdité d'une vie dépourvue de sens. Car quel sens trouver à la vie lorsque la mort règne en maître ? Lorsque l'homme est capable de se faire un loup pour l'homme ? Les horreurs de la guerre, la cohorte des corps déchiquetés, des veuves et des orphelins éplorés, des atrocités commises par une armée japonaise brutale et sanguinaire que, jusque-là, il respectait pour son histoire et sa culture… tout cela l'atteint profondément.

Le bonheur d'un converti

À son retour du front, un an plus tard, Takashi sent que l'heure est venue pour lui de choisir entre le bien et le mal, la vie et la mort, entre la bénédiction et la malédiction. Ce choix, existentiel, il le voit comme marqué dans la géographie de sa ville qu'il regarde depuis le quai du port : doit-il marcher vers « la Nagasaki de l'amour charnel avec ses quartiers […] voués aux femmes de petite vertu, au saké et à la jouissance » ou vers « la Nagasaki de Marie, vouée aussi à l'amour, mais un amour soutenu par la prière, le sacrifice et le service » ? La pensée de Midori dirige son cœur et ses pas vers cette « autre Nagasaki » pour lui symbolisée par la colline des vingt-six martyrs, le sanctuaire d'Oura, la cité de l'Immaculée de Maximilien Kolbe et, bien sûr, par la cathédrale d'Urakami où il se rend le jour même. Il frappe à la porte du presbytère. Un vieux prêtre lui ouvre aussitôt et le reçoit. « Quelquefois je pense qu'il doit y avoir un Dieu et une vie après la mort, mais je ne suis vraiment jamais certain très longtemps », lui avoue-t-il après s'être accusé d'avoir péché contre l'Esprit. Le vieil homme lui raconte alors l'histoire de sa famille – c'est un Moriyama lui aussi – et, avec bonté et douceur, rassure l'âme en peine. Il ne cherche point à le convaincre, car, insiste-t-il, le mystère de la révélation de Dieu « n'est pas une chose que l'on comprend de façon intellectuelle comme la radiologie, mais dont on fait l'expérience par la prière ». À peine prend-il congé du prêtre que Takashi tombe à genoux devant l'un des crucifix de la cathédrale. Sait-il que Midori est là, derrière lui, et assiste, dans l'action de grâce, à son « oui » ?

« Le bonheur d'un converti, expliquera Takashi à un ami, est semblable à celui que Christophe Colomb a dû connaître quand il découvrit une terre nouvelle à l'horizon. » Oui, Takashi a enfin trouvé la perle dans le champ de son cœur torturé et tout à sa joie, il part à la découverte de ce continent intérieur. Désormais, il partage son temps entre ses recherches à l'hôpital et l'étude de la Bible, du catéchisme et de la liturgie. Comme il le lui avait promis, le père Moriyama l'initie à la prière chrétienne. Il brûle de recevoir le baptême, mais lorsque son désir tombe dans les oreilles de son père, celui-ci s'y oppose farouchement, d'autant plus que le sentiment antichrétien règne à nouveau dans une société japonaise de plus en plus nationaliste. Rejoindre l'Église catholique serait non seulement une injure à sa culture et à sa religion ancestrale, mais un frein à sa carrière à l'Université médicale !

Le fils, par respect pour son père, consent à attendre un peu. Mais deux paroles ne le quittent pas. L'une est de Jésus : « Si quelqu'un vient à moi sans me préférer à son père, sa mère, il ne peut être mon disciple » (Lc 14, 26). L'autre, de Pascal : « Il y a assez de lumière pour ceux qui ne désirent que de voir, et assez d'obscurité pour ceux qui ont une disposition contraire. » Saisi par l'urgence de l'Évangile, il finit par « faire le grand saut » en allant voir le curé d'Urakami pour lui demander les sacrements de l'initiation chrétienne. En juin 1934, Takashi reçoit le baptême, et ce nom nouveau dont il comprendra bientôt l'exigeant appel : Paul Miki, l'un des vingt-six crucifiés à Nagasaki, tout près de ce qui deviendra le désert nucléaire… Deux mois plus tard, il épouse Midori qui lui donnera quatre enfants – deux mourront en bas âge.

Avec le soutien de sa femme, bien consciente des risques encourus par son mari, Takashi se lance dans le développement de la médecine radiologique. Bien plus : il se demande « comment, avec la grâce de Dieu, [il va] poursuivre ce chemin ? Voilà ce qui est important pour Dieu et voilà la question qu'il [lui] pose ». Il y répond en travaillant « avec un cœur d'enfant », avec un esprit de pauvreté et d'humilité qui n'oppose pas science et foi, mais les conjugue dans l'amour et par amour sous la conduite de l'Esprit. Car, il le sait à présent : la science et la foi viennent toutes de Dieu et conduisent toutes deux à lui qui seul est la Vérité éternelle. Il est loin le temps de ses études, lorsqu'il réduisait la pratique médicale et la recherche scientifique à de simples affaires de techniques, froides, sans âme ni sentiments. Sa tâche, désormais, « est de souffrir et de se réjouir avec ses patients. S'ingénier à diminuer les souffrances comme si elles étaient les siennes mêmes », ne perdant jamais de vue que « ce n'est pas le médecin qui guérit le malade, mais le bon plaisir de Dieu. Une fois qu'on a compris cela, le diagnostic médical tourne à la prière ». Dans son laboratoire qu'il compare à « la cellule d'un moine » et qu'il croit être « au seuil de la maison de Dieu », il étudie dans la joie tout en priant et en aimant. Et c'est le même mouvement qui le pousse à soigner gratuitement les pauvres au sein de la société Saint-Vincent-de-Paul.

En 1937, à 25 kilomètres de Pékin, des hostilités éclatent entre les troupes chinoises et japonaises. Mobilisé en tant que chirurgien en chef dans le corps médical de la 5e division, Takashi doit s'arracher à sa famille et à ses recherches pour rejoindre le front en Chine. L'hiver y est rude, les combats, terribles et interminables. La paix ne quitte pourtant pas le cœur de Takashi dont la compassion le porte aussi bien vers ses compatriotes que vers ses prétendus ennemis. Dans cette guerre qu'il croit injuste, Takashi se sent à sa place : « Je sais maintenant que je ne suis pas venu en Chine pour battre qui que ce soit, ni pour gagner une guerre. Je suis venu aider les blessés, qu'ils soient chinois ou japonais, civils ou militaires. » Et il se démène dans cette mission, puisant secours et force dans les paroles des Écritures qui lui apparaissent « plus réelles encore que cette guerre », et dans le rosaire qu'il appelle « son église de poche » :

> « Pendant les accalmies, je tenais à recentrer mon esprit trop souvent distrait en répétant la salutation de l'ange. Lorsqu'une lettre de Midori m'apprit la mort de notre fille Ikuko et celle de mon père, le seul rayon de lumière qui me permit de ne pas m'enfoncer dans le désespoir fut la répétition brève de cette prière enfouie dans la douleur de mon âme. »

Après sa démobilisation, en 1940, Takashi rentre chez lui. « Le fils de Dieu, dans sa miséricorde, m'a ramené indemne à Nagasaki pour que je puisse travailler à la gloire de son Père », écrit-il dans son journal. Alors que la guerre de Chine continue à faire rage et des ravages jusqu'au Japon, le chercheur et professeur en radiologie se met donc plus que jamais au travail. L'une de ses priorités : diagnostiquer les cas de tuberculose, toujours plus nombreux, fût-ce au prix d'une exposition aux rayons X dévastatrice pour sa santé.

Avec notre amour et nos mains nues

Le 8 décembre 1941, sur son chemin vers l'université, un haut-parleur crache une nouvelle qu'il redoutait et qui le pétrifie : les forces impériales viennent d'engager le combat contre les forces de la Grande-Bretagne et de l'Amérique. Incapable de bouger, il balaie de son regard ahuri les bâtiments autour de lui... ils seront tous détruits, présage-t-il. Ce matin-là, il a cours avec des étudiants de troisième année. Il veut les avertir, les préparer au pire, les extirper de cette propagande gouvernementale qui leur promet une victoire facile. Il prononce le même discours de vérité à toutes les bonnes volontés qu'il rassemble pour protéger les habitants d'Urakami des raids aériens :

> « Il se peut que nous soyons bombardés à tout moment. Il faut que vous appreniez à arrêter des hémorragies, à transporter les blessés aux postes de secours. Il vous faudra du courage, mais surtout de l'amour... un amour assez grand pour que vous donniez votre vie pour vos concitoyens ! »

Il ne peut souhaiter plus noble destin à ses frères comme à lui-même. Le Christ n'a-t-il pas dit : « Il n'y a pas de plus grand amour que de donner sa vie pour ceux qu'on aime » (Jn 15,13) ? Le radiologue pressent qu'il avance sur cette voie. Son corps capte une telle quantité de rayons gamma qu'il se voit déjà rejoindre les « martyrs de la vérité scientifique » dont lui avait parlé son ancien mentor, le professeur Suetsugu. Son destin est scellé en juin 1945 lorsqu'il apprend être atteint d'une leucémie incurable. Espérance de vie estimée : deux à trois ans. « Seigneur, je ne suis qu'un serviteur inutile. Qu'il me soit fait selon ta volonté ! », murmure-t-il, puisant dans cette prière d'abandon une obole de paix.

Le soir même, le condamné marche d'un pas lourd jusque chez lui. Il souffre à l'idée qu'à cause de lui et de son imprudence, bientôt Midori se retrouvera veuve et ses enfants, orphelins. Dans un monde en feu. Une fois encore, la foi de son épouse le surprend et l'édifie, car telle la Vierge du *Fiat*, Midori accueille dans un grand « oui » la divine et mystérieuse providence : « C'était pour la gloire de Dieu », lui assure-t-elle. Libéré par « son acceptation totale de la tragédie, son refus de [l']entendre parler de négligence », Takashi repart le lendemain matin à son département de radiologie en « homme nouveau ». Avec une énergie qu'il ne se connaissait pas. Et une joie nouvelle, la « joie parfaite » que chante François d'Assise, son saint de prédilection.

Le 6 août, Takashi entend parler d'une bombe atomique qui a dévasté Hiroshima. Le lendemain, les Nagaï décident d'envoyer leurs enfants – Makoto, 10 ans, et Kayano, 3 ans – à la campagne avec leur grand-mère. Le matin du 8 août, le médecin salue tendrement son épouse avant de partir à l'université. Parce qu'il est de garde antiaérienne cette nuit-là, il ne la reverra plus… Le 9 août, peu après 11 heures, un éclair aveugle Takashi qui classe des films radiographiques dans son bureau. Il pense qu'une bombe a explosé à l'entrée de l'université. Il veut aller voir, mais soudain, il est « attrapé comme par la main d'un géant » qui le projette à trois mètres de là contre le plancher. Des morceaux de verre tourbillonnent autour de lui et lui coupent l'artère temporale. Sang épais. Fumées âcres. Obscurité totale que peu à peu percent des flammes rugissantes. Takashi s'entend murmurer : « Midori, c'est la fin, je m'en vais. »

Lentement, il parvient malgré tout à se dégager des décombres, aidé par une jeune infirmière et cinq membres du département de radiologie. Ensemble, ils partent à la recherche des autres survivants. Ils n'en trouvent qu'une poignée… De l'hôpital,

Takashi voit la vallée d'Urakami et sa cathédrale se transformer en un immense brasier. Il regarde, effaré, le nuage en forme de champignon qui recouvre Nagasaki. Il entend les plaintes s'élever de partout. Vision d'enfer. Il sait que Midori n'est plus. À son petit groupe de soignants vers qui commence à affluer une procession interminable de blessés, il déclare : « Tout ce qui nous reste est ce que nous savons, notre amour et nos mains nues. »

Le 11 août, Takashi rentre chez lui : un désert de cendres blanches. Il rassemble religieusement les os de Midori dans un seau et, trébuchant dans les gravats, se rend au cimetière Akagi. Tandis qu'il marche à travers les montagnes pour retrouver ses enfants, il médite un verset de l'Évangile : « Le ciel et la terre passeront, mes paroles ne passeront pas » (Mt 24, 35). Ultime conversion d'un homme qui ce sera voué à la recherche de la Vérité pour s'y consacrer jusqu'à l'ultime de l'amour et de la mort.

> « J'ai cherché pendant longtemps la voie du bonheur parfait. Ce n'est qu'après le lancement de la bombe atomique que j'en ai eu la révélation. Pour connaître le bonheur au plus profond de son âme, il faut vivre en Dieu. »

Bruno Cornacchiola

Bruno Cornacchiola
le gracié de Tre Fontane
(1913-2001)

Rome s'éveille, en ce matin de l'année 1927. Non loin des marches de la Scala Santa, celles-là mêmes que le Christ, après avoir été flagellé, a empruntées à l'heure de sa Passion, un gamin déguenillé est étendu et somnole. Il s'appelle Bruno Cornacchiola. À la vue du malheureux, une pieuse dame est saisie de compassion. Ne pouvant passer son chemin, se dérober à son prochain, elle s'arrête et s'approche de l'enfant : « Mon garçon, tu n'as pas de maison pour dormir ? » Bruno, guère habitué à une telle marque d'intérêt, explique sèchement à cette Maria Farsetti préférer passer la nuit à la belle étoile plutôt que chez lui où son père, un ivrogne brutal, le bat à coups de pied et de couteau, tandis que sa mère, submergée de travail, le délaisse et l'ignore. Et le bon samaritain de poursuivre son enquête :

> « Quel âge as-tu ? – Quatorze ans. – As-tu fait ta première communion ? – Qu'est-ce que c'est ? – Tu ne sais même pas cela ? Et ta mère ne fait pas ses Pâques ? – Ma mère fait des pâtes, de la soupe et d'autres choses, mais elle ne m'a jamais fait les Pâques ! »

Maria Farsetti est bien démunie pour remédier à la pauvreté matérielle dans laquelle croupit Bruno. À sa misère spirituelle, par contre, elle veut et peut s'attaquer. Ainsi évoque-t-elle de ce pas le cas du jeune garçon avec un religieux passionniste de la Scala Santa. Frère Luigi lui parle alors d'un institut qui organise des préparations accélérées à la première communion et à la confirmation pour les garçons qui sortent de maisons de redressement ou de la prison des mineurs. Bruno accepte la proposition, à l'insu de ses parents, et dès la semaine suivante, reçoit des mains de l'évêque les sacrements.

Plein de bonne volonté, et sans doute mû par l'Esprit Saint dont il vient d'être oint, le nouveau confirmé se précipite chez lui après la célébration pour demander pardon à sa mère qu'il a si souvent insultée et frappée... Mais celle-ci accueille sa confession avec des cris et une puissante ruade, si bien que Bruno jette aussitôt par la fenêtre le chapelet et le livre de spiritualité que l'évêque lui a offerts : à quoi bon ces bondieuseries ? Puis il claque la porte de cette maison de malheur et file prendre le train pour Rieti – sans billet, évidemment – résolu à vivre désormais et pour de bon dans la rue, sans foi ni loi, sans Dieu ni maître. Les années passent, le jeune homme ruse pour survivre, il y excelle et s'endurcit, puis épouse malgré tout, à 23 ans, une chrétienne fervente, Iolanda Lo Gatto. Par amour, il consent même à se marier religieusement – à la sacristie et en cachette.

Le poison de la haine

En juillet 1936, l'Italie de Mussolini, comme l'Allemagne d'Hitler, est affolée par la percée du communisme chez son voisin espagnol déchiré par une guerre fratricide. Bruno, lui, s'en frotte les mains, parce qu'il partage les idées de la gauche radicale. L'appât du gain est cependant plus fort que son attrait politique : en bon mercenaire, il s'engage dans une compagnie de volontaires en soutien des troupes franquistes dans leur combat contre les républicains. Au cœur de ce conflit dont les horreurs l'éprouvent plus qu'il ne pouvait l'imaginer, creusent en lui un douloureux sentiment de solitude, il se lie d'amitié avec un soldat allemand, transmetteur radio motorisé comme lui.

L'exilé est intrigué par le livre que son compagnon porte toujours sous le bras. Serait-ce un roman ? « Ceci n'est pas un récit humain, rectifie gravement l'Allemand, c'est la Bible, c'est-à-dire la parole de Dieu. » À partir de ce jour-là, et sans relâche pendant trois ans, ce luthérien fanatique – plus fanatique que luthérien – va utiliser fallacieusement les Écritures pour susciter et nourrir dans l'esprit fragile et peu instruit de son « ami » une animosité farouche à l'encontre de l'Église catholique, de ses représentants comme de ses dogmes et de ses sacrements. « Tu sais, toi, qui paie cette guerre que nous faisons au péril de notre vie ? lui lance-t-il un jour, entre deux assauts. C'est le pape, le pire ennemi de l'humanité ; il est l'instrument privilégié de Satan, préfiguré dans l'Apocalypse par la "grande bête" avec les sept têtes. » Devenu la proie de ce loup vorace déguisé en brebis, faux prophète qui s'imagine rendre un culte à Dieu en tuant l'âme de son frère, il inocule peu à peu en Bruno le poison de la haine. Lorsque la guerre civile espagnole touche à sa fin, en avril 1939, sa radicalisation est bel et bien achevée.

Avant de quitter l'Espagne, l'extrémiste pénètre dans une coutellerie de Tolède, ville célèbre pour ses armes blanches, et se procure un poignard. Il pousse son sectarisme et sa folie jusqu'à faire graver sur le manche en os : « Mort au pape ». Bruno n'a en effet plus qu'une idée fixe, un projet insensé qu'il prend très au sérieux : trancher, de ses propres mains, la tête de celui qu'il considère être « un tyran » et la cause de tous les maux du monde, à savoir Pie XII. De retour à Rome, il met sur-le-champ son programme de destruction en action dont la première étape consiste à libérer sa famille des griffes de l'Église catholique. C'était sans compter avec la foi de son épouse… Rien de ce qu'il dit ne semble pouvoir la convaincre d'abjurer la religion de son enfance. À bout d'arguments, il recourt donc à la violence. À une brutalité qui se fait chaque jour plus intense et qui choque leurs trois enfants sous les yeux desquels il n'hésite pas à laisser libre cours à sa rage.

Iolanda, héroïque, tient bon. Si son corps ploie sous les raclées de son mari, sa foi reste intacte. Cette femme forte ne s'est peut-être même jamais autant accrochée à Marie qu'en ces jours. D'où sa peine immense lorsqu'il décroche du mur une icône de la Madone du rosaire de Pompéi : « Ah non ! J'ai trop prié devant cette Vierge, justement pour toi, pour que tu reviennes sain et sauf d'Espagne, et Notre-Dame m'a exaucée ! », s'écrie-t-elle en larmes. Mais en vain. Son trésor subit le même sort que toutes les images pieuses, les livres de prières et les souvenirs de communion sur lesquels Bruno avait déjà mis la main : il est réduit en morceaux et jeté au feu. Le crucifix de la chambre conjugale rejoindra bientôt le bûcher de sa colère.

Comme une ultime tentative pour ramener son époux à la raison et à la foi, Iolanda lui propose un marché : « Confesse-toi et reçois la communion les prochains neuf premiers vendredis du mois. Si au bout de cette pieuse pratique, tu tiens encore à changer de religion, je te suivrai, sinon nous continuerons ensemble dans la foi de notre baptême. » Bruno accepte d'honorer le Sacré-Cœur auquel sa femme est particulièrement attachée, et lui promet de communier avec sincérité. À la fin des neuf mois, constatant que le cœur de Jésus n'a pas changé le sien d'un *iota*, il estime avoir gagné. Et voilà Iolanda acculée à suivre son mari dans la secte adventiste qu'en réalité celui-ci ne fréquente que très peu – son fanatisme anticatholique se nourrissant plus d'une haine aveugle que d'une quelconque croyance.

Galvanisé par ce premier succès, Bruno poursuit avec une ardeur redoublée son plan d'action. Il crache sa haine à qui veut bien l'écouter, et même aux autres. À ses collègues de l'ATAC, le réseau des transports urbains de Rome qu'il a rejoint en 1940, il martèle d'obscures déclarations : « Vous verrez, je vais écrire un livre sur la religion, sur le dogme de l'Immaculée Conception, sur le pape. On parlera de moi. » Il griffonne sa devise à grosses lettres sur les tramways de la ville : « Mort au pape, mort aux prêtres ! » Il saisit la moindre occasion pour faire du mal à ses ennemis. Par exemple, un jour qu'il est de service, il ferme avec violence la porte de son tram alors qu'un religieux est sur le point d'en descendre. Celui-ci chute méchamment et doit être conduit d'urgence à l'hôpital. Bruno en ressent un malin plaisir et trépigne à l'idée d'aller plus loin, de frapper plus fort. Tel un lion rugissant, il rôde, guettant le moment favorable pour dévorer sa victime de premier choix : le pape.

« Je suis la Vierge de la Révélation »

Un samedi après-midi d'avril 1947, alors que la nature chante sous un soleil joyeux, Bruno emmène Carlo, Isola et Gianfranco, ses enfants, en promenade dans une périphérie assez malfamée de Rome. Leurs pas s'arrêtent sur le parvis de l'abbaye trappiste de Tre Fontane, non loin du lieu où saint Paul, le persécuteur de l'Église devenu l'apôtre des nations, fut décapité par le glaive sous Néron – sa tête aurait rebondi trois fois sur le sol, faisant jaillir, sous chacun de ces trois bonds, une source miraculeuse, d'où le nom de « Trois Fontaines ». À l'orée d'un bosquet d'eucalyptus, le protestant fanatique se cale sur un petit muret avec sa Bible. Le cadre lui semble idéal pour accomplir la tâche qu'il s'est donnée pour la journée en vue d'une prochaine allocution : rédiger un article virulent contre la sainte Vierge qu'il exècre tout autant que le Saint-Père.

Tandis que ses enfants s'éloignent un peu pour jouer au ballon, il commence à noircir les feuilles de son cahier d'une litanie furieuse : « Elle n'est pas vierge, elle n'est pas immaculée, elle n'est pas montée au ciel, elle n'est ici ni ailleurs... » Les privilèges que l'Église catholique attribue à sa Mère y passent l'un après l'autre.

« Papa, nous avons perdu la balle, aide-nous à la chercher ! » Interrompu dans ses noires pensées, le jeune père lâche sa plume et part explorer le terrain rocheux en quête de l'objet perdu. Bientôt, c'est le petit dernier, Gianfranco, qu'il perd de vue... Il l'appelle. Silence. L'inquiétude le gagne. Il court, fouille les buissons et les roches et finit enfin par le retrouver. Le garçon de 4 ans est à genoux, les mains jointes, sur le seuil d'une grotte dont il fixe l'intérieur, comme fasciné, un étrange sourire aux lèvres. « Belle Dame... Belle Dame ! », balbutie-t-il. Bruno est perplexe et soupçonne un jeu des enfants, car jamais, ô grand jamais, il ne leur a appris à prier. Il appelle sa fille de 10 ans : « Descends un peu ici ! Que raconte Gianfranco ? Qu'y a-t-il là-dedans ? Tu vois quelque chose, toi ? » À l'instant même où elle tourne les yeux vers la cavité nauséabonde, la voilà qui ploie elle aussi les genoux, laissant tomber les fleurs des champs qu'elle avait cueillies pour sa maman. « Belle Dame... Belle Dame ! », murmure-t-elle à son tour. « Carlo, viens, toi aussi ! Que font-ils ? », hurle Bruno. Son garçon de 7 ans adopte subitement la même attitude que les autres.

Agacé, en colère, le père empoigne ses gamins pour faire cesser leur mauvais tour. À sa plus grande stupeur, il ne parvient pas à les soulever, ni même à les déplacer... comme s'ils étaient devenus du plomb. Une peur bleue le saisit : « Mais qu'est-ce qui arrive ici ? Qui a ensorcelé mes enfants ? Y a-t-il des sorcières dans cette grotte ? Il y a peut-être un diable ? Ou bien il y a un prêtre, caché dans la grotte, qui les a hypnotisés ? » Afin d'en avoir le cœur net, et bien décidé à en découdre avec cette mystérieuse et terrifiante « belle Dame », il pénètre dans l'antre en lançant d'une voix forte : « Qui que vous soyez, même un curé, sortez de là ! » Rien ni personne. Vaincu par la terreur, le désespoir, Bruno rejoint ses enfants immobiles aux visages pâles et il éclate en sanglots. « Mon Dieu, toi, sauve-nous ! », crie-t-il alors les bras et les yeux levés vers le ciel.

> « À peine avais-je émis ce cri que je vis tout à coup deux mains d'une blancheur éclatante qui s'approchaient de moi. J'ai senti ensuite que ces mains m'effleuraient le visage et ce fut comme si elles m'avaient arraché quelque chose des yeux. J'éprouvai une certaine douleur et suis resté dans l'obscurité. Au milieu de cette obscurité, j'ai vu une petite lumière qui allait en s'agrandissant et en s'intensifiant. »

Dans la splendeur de cette lumière dorée qui le remplit d'une joie inconnue, le persécuteur de l'Immaculée discerne peu à peu la silhouette d'une « Dame paradisiaque » à « la beauté céleste ». Debout pieds nus sur une pierre, elle est vêtue d'une tunique blanche serrée à la taille par une ceinture rose. Un long voile vert recouvre ses cheveux noirs et encadre un visage juvénile empreint d'une « bonté maternelle, voilée d'une mélancolie sereine ». À terre, un drap noir déchiré et une croix brisée qu'elle désigne de la main gauche. Faisant le geste de lui offrir le livre gris qu'elle tient de l'autre main – celui de l'Apocalypse, réalisera-t-il plus tard – la jeune femme se met à lui parler, avec autant de fermeté que de douceur :

> « Je suis celle qui est dans la Trinité divine. Je suis la Vierge de la Révélation. Tu me persécutes, maintenant, cela suffit ! Entre au bercail saint, cour céleste sur la terre. Le serment d'un Dieu est et restera immuable : les neuf vendredis du

> Sacré-Cœur que ton épouse fidèle te fit faire avant d'entrer dans le chemin du mensonge t'ont sauvé. »

Bruno voudrait crier, mais la voix ineffablement douce de Marie, « une voix de Paradis », lui a coupé le souffle. Il tombe alors à genoux et en extase et tout son être devient « écoute » et totale réceptivité à ce que la Vierge va lui confier. Et celle dont le silence traverse les Évangiles se révèle en ce samedi de l'octave de Pâques très loquace ! Pendant une heure et vingt minutes, elle enseigne Bruno sur les vérités les plus hautes, ouvre son esprit à l'intelligence des Écritures, comme si elle voulait le purifier des souillures qui s'étaient accumulées en lui toutes ces dernières années. Elle lui explique notamment qu'« il faut beaucoup prier pour la conversion des pécheurs, des incroyants et pour l'union de tous les chrétiens » et que « les *Je vous salue, Marie* qu'[il] dira avec foi et amour sont autant de flèches d'or qui arriveront au Cœur de Jésus ». Elle lui fait le récit de sa vie, « depuis le début de son existence en Dieu, jusqu'à la fin de son accomplissement sur la terre et sa glorieuse Assomption dans le ciel ». Bien au fait du manque de foi des hommes de ce temps, des ravages causés par « la science qui renie Dieu », elle lui donne aussi un signe pour l'assurer de l'authenticité de son apparition.

> « Et ce signe, le voici : quand tu rencontreras un prêtre dans l'église ou en chemin, approche-toi de lui et adresse-lui cette parole : "Mon Père, j'ai à vous parler !"S'il te répond : "*Ave Maria*, que veux-tu, mon fils ?", prie-le de t'écouter, car ce sera celui que j'aurai choisi. Tu lui feras part de ce que ton cœur te dira, et obéis-lui, car il t'indiquera un autre prêtre par ces mots : "C'est celui qu'il te faut pour ton cas." Tu te rendras ensuite chez le Saint-Père, le pasteur suprême de la chrétienté, et tu lui remettras personnellement mon message. Parmi ceux qui t'entendront raconter cette vision,

il y en aura qui ne te croiront pas, mais ne te laisse pas décourager… »

Son discours achevé, la Vierge lui décoche « un sourire maternel accompagné d'une légère révérence » et disparaît tout doucement. Le voyant reste là, un moment, sonné par ce coup de grâce. Carlo, lui, bondit et court pour rattraper le long voile vert… mais il revient tout en pleurs, s'étant cogné les doigts sur la paroi rocheuse ! « Papa, nous aussi nous avons vu la belle Dame, tu sais ! », s'écrient les trois bambins – ils l'ont contemplée un certain temps, sans pour autant l'entendre. Bruno émerge lentement de son rêve éveillé. À peine reprend-il ses esprits qu'il attrape son cahier pour noter quelques bribes de l'échange merveilleux. « Marie est la Vierge, la Mère, la Mère de Dieu », conclut-il dans un acte de foi embrasé – oubliées, envolées les attaques assénées pas même deux heures auparavant ! Puis tous les quatre, d'un même cœur, se mettent à nettoyer la grotte dont émane à présent un parfum suave, entêtant. Avant de partir, Bruno prend sa clé et grave sur la roche blanche cette inscription : « Lieu saint. Ici, la Vierge de la Révélation m'est apparue, ainsi qu'à mes enfants, et m'a converti. Cornacchiola. 12 avril 1947. »

Le train de la grâce est en marche, et la conversion de Bruno est désormais irrépressible ! Première station de ce voyage au bout de la foi : l'église abbatiale des trappistes où le converti invite ses enfants à prier et à adorer Jésus qui est réellement présent dans son eucharistie – la belle Dame vient de le lui révéler. Parce que le père ne connaît aucune prière, c'est Isola qui se propose de mener la récitation d'un *Ave Maria* – elle avait bravé en cachette l'interdit paternel de suivre le catéchisme à l'école… Le soleil commençant à décliner, la famille éblouie se décide à rentrer à la maison.

Le soir même, après le dîner, Bruno prend son épouse par la main avec une bonté inhabituelle. À genoux devant elle, il lui demande pardon pour tout le mal qu'il lui a fait, pour ses erreurs passées, toutes les horreurs débitées sur l'Église catholique, et lui promet d'avoir changé. « Ça alors, c'est un miracle, un vrai ! Toi, agenouillé devant moi ! Il n'y a pas si longtemps, c'est moi qui m'agenouillais devant toi pour te supplier de ne plus me battre… », lui répond-elle, effarée. Toujours aux pieds de Iolanda, l'époux prodigue se lance dans un compte rendu détaillé de l'après-midi et jusqu'à l'aube, le couple réconcilié prie la Madone avec ferveur et d'abondance de cœur :

> « Vierge Sainte, par la lumière de la foi, chasse de nos esprits les ténèbres de l'erreur ! Mystique vision du Paradis, par le parfum de l'espérance, console nos âmes abattues ! Source inépuisable d'amour, par la flamme divine de la charité, ranime nos cœurs arides ! »

Dès le premier matin de sa vie nouvelle, Bruno se lève et fait le tour de la ville. Dans les rues et sur les places, dans les églises et au travail, il cherche le prêtre dont lui a parlé la Vierge de la Révélation. Les hommes en col romain qu'il méprisait et s'acharnait jusque-là à détruire, il les aborde à présent avec gentillesse et grand respect. Mais aucun de ceux qu'il accoste ne lui rétorque la formule indiquée, à savoir : « *Ave Maria*, que veux-tu mon fils ? » Au fil des jours et des déceptions, Bruno cède peu à peu au découragement et même au désespoir – la pensée du suicide le traverse par instants. Il ne mange plus ni ne dort. Un doute cruel s'installe en lui et le ronge de l'intérieur, le torture : a-t-il été victime de son imagination fantasque ? D'une hallucination ? D'une machination diabolique ? Est-il devenu fou ? Dans sa confusion, il continue pourtant de se rendre à la grotte, et là, le cœur brisé et broyé, les yeux rougis, il supplie la Vierge Marie.

Iolanda lui soumet un matin l'idée de se rendre dans leur paroisse, tout simplement. « Même si, à cause de ta conduite anticléricale, tu seras d'abord regardé avec méfiance, c'est peut-être justement là que tu trouveras celui que tu dois rencontrer ! », avance-t-elle. Après tout, c'est bien grâce à la fidélité entêtée de son épouse et à sa dévotion au Cœur de Jésus que Bruno a pu être détourné de son chemin de perdition. Il en est sûr puisque la Vierge elle-même le lui a dit ! Sans hésiter ni tarder, il entre donc dans cette église de Tous-les-Saints où sa mauvaise réputation le précède. Il s'arrête près du crucifix, à côté de la sacristie, de laquelle sort bientôt un prêtre dont il saisit le rebord de son surplis : « Mon Père, j'ai à vous parler ! – *Ave Maria !* Que veux-tu, mon fils ? » Soulagé, Bruno s'exclame : « Mon Père, par ces mots, vous me faites revivre… J'en suis maintenant certain : j'ai été le protagoniste d'une vision céleste ! » L'abbé le regarde et lui dit : « Tu vois ce prêtre qui vient de célébrer la messe et qui ôte ses vêtements liturgiques ? Adresse-toi à lui, c'est lui qu'il te faut pour ton cas ! »

Oui, Bruno le voit, et il le reconnaît : l'année précédente, à Pâques, il l'a grossièrement chassé de chez lui alors qu'il venait bénir sa maison. Humblement, le repenti pénètre dans la sacristie, s'agenouille devant ce Don Carniel et dépose tout à ses pieds. Il n'omet rien des péchés qu'il a commis, ni des grâces qu'il a reçues. Le confesseur l'écoute, l'absout, puis l'invite à suivre une catéchèse afin qu'il puisse se former et rendre compte de la nouvelle espérance qui est en lui. Bruno obéit – jusqu'à la fin de sa vie, il fera toujours preuve d'une obéissance inconditionnelle à l'autorité ecclésiastique – et entraîne son épouse avec lui. Le 6 mai 1947, il se rend à la grotte de Tre Fontane. Alors qu'il prie la Vierge, lui confiant l'acte solennel par lequel Iolanda et lui vont dès le lendemain rentrer dans l'Église catholique, la grotte s'illumine soudain et elle lui apparaît. « Celle qui est dans la Trinité » ne lui dit pas un mot, mais elle lui sourit avec une tendresse toute maternelle, avec cette joie qui naît au ciel lorsqu'un seul pécheur se repent.

L'Évangile vécu

Bruno n'a rien perdu de son tempérament explosif, mais le Christ a orienté sa fougue dans une tout autre direction : l'annonce à temps et à contretemps de la miséricorde de Dieu qui lui a été manifesté par l'intermédiaire de sa Mère. Ainsi, son sang ne fait qu'un tour lorsqu'il découvre un jour que la grotte, pourtant visitée par la pleine de grâce, est toujours un repaire de débauche – il a trouvé sur le sol des indices qui ne trompent pas. Le chevalier de l'Immaculée brandit alors sa plume et rédige un appel vigoureux qu'il affiche à l'entrée du lieu saint :

> « Ne profanez pas ce lieu par le péché d'impureté ! Que la créature malheureuse d'être tombée dans le monde du péché vide le sac de ses peines aux pieds de la Vierge de la Révélation, qu'elle confesse ses péchés et boive à cette source de miséricorde. C'est Marie, la douce maman de tous les pécheurs. [...] Aimez Marie ! Elle est notre douce Mère ! Aimez l'Église et ses enfants ! Elle est le manteau qui nous protège dans l'enfer qui se déchaîne dans le monde. Priez beaucoup et évitez les vices de la chair ! Priez ! »

Ces paroles fortes marquent les cœurs et les esprits. Relayées par la presse, elles font le tour de la Ville éternelle où ne tarde pas à se répandre la nouvelle des faits miraculeux advenus à Tre Fontane. Curieux, badauds et dévots commencent à s'y rendre chaque jour plus nombreux. On signale des guérisons étonnantes, et même des miracles. Et des regards inquisiteurs et suspicieux se tournent vite vers Bruno, ce frustre traminot romain qui se prend pour un voyant. Pour certains, c'est un fou ou un exalté, pour d'autres, un charlatan ou un exploiteur. Il le flairait déjà, mais à présent il en est certain : son retour « au bercail saint, cour céleste sur la terre » est le point de départ, et non d'arrivée, d'un chemin d'épines plus que de roses. La Vierge l'avait prévenu dès le premier jour : « Quand tu raconteras ce que tu vois maintenant, on ne te croira pas ! », assortissant son avertissement d'une consolation : « Ainsi tu obtiendras la conversion des pécheurs, des incrédules… »

Sous le feu des calomnies et des contradictions, des interrogatoires civils et religieux, Bruno s'accroche chaque jour à Jésus, dans son eucharistie, et à la Vierge, dans la prière du chapelet – à « l'Évangile vécu » autrement dit, comme le lui a recommandé sa Mère le 12 avril. Et il tient ainsi le cap dans la tempête, ne tardant pas à récolter les premiers fruits de son humble persévérance. Dès le 5 octobre 1947, en la fête de Notre-Dame du Rosaire, une statue grandeur nature de la Madone au manteau vert est ainsi conduite en procession de la place Saint-Pierre jusqu'à la grotte, escortée par vingt mille fidèles en liesse. La ferveur populaire est à son comble, un culte se met progressivement en place et même des évêques et des cardinaux n'hésitent pas à venir prier sur le lieu des prétendues apparitions alors que l'autorité ecclésiastique est encore sur la réserve.

Témoin de la Vierge assomptée

Celui qui voulait poignarder le pape ne s'est toujours pas acquitté de sa mission spéciale auprès de lui. L'occasion se présente enfin le 9 décembre 1949. Ce jour-là, Bruno se joint au groupe d'employés de l'ATAC invités par Pie XII à réciter le chapelet dans sa chapelle privée. À la fin de la célébration, quand le souverain pontife demande si quelqu'un désire lui parler, Bruno se manifeste, gorge nouée par l'émotion, mains tremblantes sous le poids des deux objets qu'il lui tend : « Très Saint-Père, voici la Bible protestante que j'interprétais faussement et avec laquelle j'ai tué tant d'âmes ! Voilà le poignard, avec l'inscription "mort au pape", par lequel je projetais de vous tuer ! Je viens vous demander pardon. » Ce à quoi Pie XII lui rétorque dans un large sourire : « En me tuant, tu n'aurais fait que donner un nouveau martyr à l'Église, et au Christ une victoire, une victoire de l'amour ! Mon fils, le meilleur pardon est le repentir... »

Bruno peut alors glisser à l'oreille papale le message secret que la Vierge lui a transmis : « Mon corps ne pouvait pas se corrompre et il ne s'est pas corrompu. C'est par mon Fils et par les anges que j'ai été portée aux Cieux. » En lui révélant de la part de Marie la certitude de sa sainte dormition, le messager, sans le savoir, a donné le signe de confirmation que le pape attendait pour proclamer le dogme de l'Assomption de la Vierge. Ce que le Saint-Père fera solennellement le 1er novembre 1950, sur une place Saint-Pierre noire de monde :

> « En l'autorité de Notre-Seigneur Jésus-Christ, des bienheureux apôtres Pierre et Paul, et par notre propre autorité, nous prononçons, déclarons, et définissons comme un dogme divinement révélé que l'Immaculée Mère de Dieu, la Vierge Marie, après avoir achevé le cours de sa vie terrestre, fut élevée corps et âme à la gloire céleste. »

Encouragé par le pape Pie XII qui le recevra plusieurs fois en audiences privées, Bruno devient un apôtre zélé de la Vierge de la Révélation dont le culte est reconnu par le vicariat de Rome en 1955 – et par le Saint-Siège en 1987. Pour accomplir sa mission, il fonde même un institut de vie consacré d'évangélisation et de catéchèse, appelé la Ligue ardente du Christ-Roi et immortel. Quand il n'est pas au volant de son tramway,

Bruno prend ainsi la parole devant la grotte dont la garde a été confiée aux franciscains conventuels. Avec l'ardeur propre aux convertis, il témoigne et exhorte les pèlerins à rester fidèles aux « trois blancheurs », à savoir : l'eucharistie, Marie et l'Église représentée par le pape.

> « La Très Sainte Vierge Marie a été pour moi une éducatrice insurpassable qui ne s'est pas contentée de m'installer dans une solide culture catéchistique, mais m'a aidé également à devenir son témoin. Qui trouve Marie, trouve Jésus : la Voie, la Vérité, la Vie. Il trouve la vie et la grâce dans l'Église du salut, le Corps mystique du Christ, et y trouve aussi la Mère de l'Église. »

Son apostolat gagne en force et en ampleur à mesure qu'un nombre croissant d'évêques et de paroisses, en Italie puis dans le monde entier, l'invitent à donner des conférences devant des foules de participants désireux de connaître son histoire et le message de Tre Fontane. Signe de bonne sainteté, Bruno reste discret et humble quant à sa vie intérieure qui est en réalité jalonnée d'expériences mystiques, de visions, de prophéties et d'apparitions mariales (une petite trentaine selon différentes sources, la dernière ayant eu lieu le 14 août 1999, moins de deux ans avant sa mort). Parmi ces mariophanies, celle du 23 février 1982 est particulièrement forte. Ce jour-là, Marie demande à son voyant de faire construire une « maison-sanctuaire » à côté de la grotte :

> « Ma maison sera ouverte à tous pour que tous entrent dans la maison du salut et se convertissent. Viendront y prier les assoiffés, les égarés. Ils y trouveront l'amour, la compréhension, la consolation : le vrai sens de la vie. Ici, dans cet endroit de la grotte où je suis apparue plusieurs fois, ce sera le sanctuaire de l'expiation, comme si c'était le purgatoire

> sur la terre. Il y aura une porte au nom significatif de porte de la Paix. Tous devront entrer par cette porte. »

Le sanctuaire est aujourd'hui tapissé d'ex-voto témoignant des myriades de grâces que la Vierge de la Révélation a fait pleuvoir sur ses enfants. « Celle qui est dans la Trinité » l'avait promis lors de sa première apparition : « Avec cette terre de péché, j'opérerai de prodigieux miracles pour la conversion des incroyants. » Bruno Cornacchiola est donc loin d'être le seul converti de la grotte de Tre Fontane ! Parce qu'il s'est évertué à mener une vie digne de l'appel reçu le 12 avril 1947, parce qu'il ne s'est pas arrêté en chemin malgré les difficultés et les embûches, le converti est peut-être devenu saint. Le diocèse de Rome semble le croire, qui a introduit sa cause de canonisation en 2017. Et le pape Jean-Paul II, lorsqu'il a rencontré le voyant en 1978, l'avait comme prophétisé : « Tu as vu la Mère de Dieu, tu dois donc devenir un saint ! »

Postface

Bienheureuse ouvrière

Comme en toi Dieu Lui-même dont tu es devenue médiatrice un beau jour
d'hiver tu as paru ton cœur illuminant les Éditeurs à l'aube
si jeune et pourtant belle c'est d'être bien aimée tu m'avais devancé
dans l'angle de la salle où j'étais précurseur fatigué d'aplanir
les chemins du Seigneur et je t'ai vue briller comme un premier soleil
vulnérable et vainqueur illumine l'univers si j'ai parlé des heures
c'est pour être éclairé par ton regard aimant baigner dans la lumière
de Dieu qui le déchire Son éternité d'or dont tu as pris le voile
Alexia bienheureuse ouvrière à jamais de l'avant-dernière heure

Les serveurs d'Amalec s'amassaient aux frontières de l'Israël de Dieu
Monsieur je vous encaisse en dressant le couvert et toi d'autorité
les réglant d'un talent nous sommes redescendus en direction du fleuve
sous nos pas le grésil avait des airs de manne en traversant la Seine
j'ai perdu la semelle d'un de mes vieux souliers que je croyais fidèle
et sans me retourner je l'ai déposée là pour Le suivre pieds-nus
comme tu L'avais connu l'amant dévorateur et médecin des âmes
quand tu as disparu Il m'a laissé au cœur ta marque avec la Sienne
Alexia bienheureuse ouvrière à jamais de l'avant-dernière heure

En mai je t'ai connue le poignet découvert tu relevais de Pâques
Il est ressuscité la croix nue le reflète qu'un tatoueur patenté
a posée comme un sceau vivant de la ville sainte au creux de ton poignet
tu as bu ta bière blanche et fumé en moniale accueillante et sauvage
un quarteron précieux cherchait à captiver nos regards ou le Christ
à la table à côté j'ai bien dû le maudire et tu l'as bienvenu
les apôtres c'est nous tu l'exprimes et l'écris quand nous comptons sur d'autres
il m'a fallu partir et sans m'être enivré pourquoi le déplorer
Alexia bienheureuse ouvrière à jamais de l'avant-dernière heure

Les mois qui ont suivi souvent je t'ai cherchée Celui que je désire
au cours de mes dérives avec mon frère convers le tien aussi Melvil
souvent je t'ai cherchée Celui que je désire j'ai tourné dans la ville
par les places des Victoires et les rues d'Aboukir je ne L'ai pas trouvé
quand nous faisons la noce entre laudes et complies tu manques au Bougainville
Dylan est mauvais ange et Toi seul est Seigneur souvent je t'ai cherchée
Celui que je désire j'ai laissé des messages en vain pour que tu viennes
brisé mon cœur d'albâtre et versé le parfum très pur entre les verres
Alexia bienheureuse ouvrière à jamais de l'avant-dernière heure

C'est un hiver plus tard que tu m'es revenue je souffrais chez Fayard
et fuyais Sa lumière j'ai souvenir d'une sainte éprise de voir un frère
dont la prière sauvage arrache au Dieu du ciel un terrifiant orage
pour les garder captifs au sein de la forêt unis dans la prière
elle sirotant une blanche et levant ses yeux clairs sur lui rongé de nuit
le nez dans sa Pilsner tu l'exprimes et l'écris je voulais plus encore
et plus est le Seigneur que tu as fait lever alors dans mon regard
ce Quelqu'un Dieu qui m'aime je sens à peine son joug que ton sourire découvre
Alexia bienheureuse ouvrière à jamais de l'avant-dernière heure

Je suis le vagabond qui mendie Sa lumière tes yeux me font l'aumône
tes yeux brûlés de gloire que j'apaise en retour d'un bien-aimant regard
toi qu'il a revêtue Sa fille et Son épouse des attributs royaux
pour habiller ton cœur au pied du Mont Thabor un regret lancinant
des neiges de l'Éden et puis de la tendresse maternelle envolée
une épine dans la chair la blessure dérobée aux savants et aux sages
ton âme triste en janvier d'enfant inconsolable où le cerf altéré
de Son amour s'abreuve je peux sentir ta peine mais ta joie seule demeure
Alexia bienheureuse ouvrière à jamais de l'avant-dernière heure.

François Esperet,
poète et diacre orthodoxe.

Bibliographie

Marcelle Gallois

- *La vie du petit Saint Placide,* de Mère Geneviève Gallois, Desclée de Brouwer, 1954, épuisé.
- *Réalité unique et éternelle,* textes et dessins de Mère Geneviève Gallois, moniale bénédictine, éditions du Cloître, 1980.
- *Mystique et artiste. Écrits spirituels de Mère Geneviève Gallois,* présentation de Jérôme Alexandre, Parole et silence, 2015.
- *Le génie et le cloître. Une biographie spirituelle et artistique de mère Geneviève Gallois,* de Catherine Marès, Nouvelle Cité, 2012.
- *Le génie et le voile, Geneviève Gallois,* film documentaire paru en DVD, Films du Large, 92 minutes, 2012.

Cyprien et Daphrose Rugamba

- *J'entrerai au Ciel en dansant – Cyprien et Daphrose Rugamba,* documentaire de François Lespés, co-produit par KTO et Saje Production, disponible en DVD et en ligne, 2016.
- *Visages de l'Emmanuel,* de Bernard Peyrous et Catherine Loyer, Éditions de l'Emmanuel, 2014.
- *Les rescapés de Kigali,* de Yvonne-Solange Kagoyire, François-Xavier Ngarambe et Jean-Marie Twambazemungu, Éditions de l'Emmanuel, 2014.
- *Notre-Dame de Kibeho. Du cœur de l'Afrique, Marie s'adresse au monde entier,* de Immaculée Ilibagiza, avec Steve Erwin, ADA éditions, 2010.

Dorothy Day

- *La Longue solitude,* de Dorothy Day, Cerf, 2018.
- *Dorothy Day. La révolution du cœur,* d'Élisabeth Geffroy, Baudouin de Guillebon et Florian de Rivaz, Tallandier, 2018.
- *Dorothy Day. Modèle d'amour et d'engagement chrétien,* de Terrence Wright, Édition des Béatitudes, 2019.

Alex Rzewuski

- *À travers l'invisible cristal. Confessions d'un dominicain,* d'Alex Ceslas Rzewuski, O.P., Plon, 1976, épuisé.
- *Radioscopie,* de Jacques Chancel, émission consacrée à Alex Rzewuski, diffusée le 16 avril 1976 sur France Inter.
- *La beauté et la grâce. Itinéraire d'un aristocrate européen, Alex Rzewuski,* de David Gaillardon, Lacurne, 2019.
- *Lettres et écrits spirituels,* de Jean-Baptiste Porion, Beauchesne, 2012.

Sergei Kourdakov

- *Pardonne-moi Natacha,* de Sergei Kourdakov, éditions du Triomphe, 2006.
- *Pardonne-moi Natacha,* BD de Hadi Temglit et Guy Lehideux d'après le récit de Sergei Kourdakov, éditions du Triomphe, 2010.
- *Quand le ciel s'ouvre. Récits de conversions au* XXe *siècle,* de Angelo Comastri, Éditions des Béatitudes.

Takashi Nagaï

- *Les Cloches de Nagasaki,* de Takashi Nagaï, Casterman, 1954, épuisé.
- *Le sourire des cloches de Nagasaki,* de Makoto Nagaï, Nouvelle Cité, 2004.
- *Requiem pour Nagasaki. Biographie de Takashi Nagaï, le « Ghandi japonais »,* de Paul Glynn, Nouvelle Cité, 1995.

- *Une lumière dans Nagasaki,* anthologie de textes de Takashi Nagaï, choisis, commentés et traduits par Marie-Renée Noir, Nouvelle Cité, 2006.
- *Prier 15 jours avec le docteur Nagaï (1908-1951),* de Marie-Renée Noir, Nouvelle Cité, 2008.

Bruno Cornacchiola

- *La Vierge de la Révélation (Trois Fontaines – Rome),* de Fausto Rossi, éditions du Parvis, 1985, épuisé.
- *La Vierge de la Révélation,* de Giuseppe Tomaselli, Téqui, 1985, épuisé.
- *Dictionnaire des apparitions de la Vierge Marie,* de Joachim Bouflet, Cerf, 2020.

Remerciements

Ce livre n'aurait pu voir le jour sans le soutien et l'attention, la patience bienveillante de nombreuses personnes, à commencer par Loïc Mérian, mon éditeur. Qu'elles en soient toutes remerciées ici.

À mes parents, d'abord, et à mes deux grandes sœurs, dont l'amour a préparé le terreau de ma rencontre avec le Christ. Ma famille a su accueillir ma conversion avec un cœur large et m'accompagner dans chacune des étapes de mon itinéraire, même les plus inattendues et les plus délicates. Ma chère maman, partie trop tôt, mais à son heure, continue de m'enfanter à la lumière et à la vie, j'en suis convaincue, et cette certitude me console, me fortifie.

À Hélène et Alix, mes copines de toujours, qui ont eu un soir la drôle d'idée, qu'elles ne savaient pas encore inspirée, de m'envoyer au monastère en solitaire. Ma conversion est aussi le fruit de leur audace et de leur amitié sincère.

À mes petites sœurs de la montagne et du désert, ces sentinelles de l'invisible, sans lesquelles je ne serais pas née en Dieu, le 12 février 2008. Elles ont été les témoins émerveillés et les instruments efficaces de la puissance de la grâce. Et par leur tendresse maternelle, qui est en réalité celle de la Vierge immaculée, elles ne cessent de nourrir cette brise de Feu qui depuis une douzaine d'années me fait palpiter et avancer.

À mes collègues et amis de *La Vie*, ce magazine à l'esprit de famille où j'ai le bonheur de sévir comme journaliste grâce à Jean-Pierre Denis. Tous, sans même le savoir pour la plupart, m'ont aidée à mener à bien ce projet. Si ma reconnaissance va à chacun d'eux, je tiens à l'exprimer spécialement à Perrine Dragić : elle m'a mise en lien avec une jeune artiste pleine de talent, Élise du Verdier, qui a réalisé les illustrations.

À François Esperet, le « prophète de l'Hôtel de Ville » rencontré un beau matin d'hiver autour d'un café crème. Je pensais m'entretenir avec un « bon client » pour mes *Essentiels*, le cahier spirituel du magazine *La Vie*, et je suis tombée sur une « âme frère ». Je sais pouvoir compter sur la prière de ce poète de Dieu épris, comme moi, de liberté.

À Julie Quaillet, enfin, qui m'a encouragée, portée et supportée, mois après mois, page après page, dans l'écriture et la relecture de cet ouvrage. Tout au long de ce qui fut un véritable enfantement dans les douleurs, elle m'a tenu la main, elle ne l'a jamais lâchée – je lui dis « bravo » pour sa belle ténacité, mais surtout « merci » pour sa fidèle amitié.

TABLE

PREMIÈRE PARTIE
LA CONVERSION

DEUXIÈME PARTIE
GALERIE DE PORTRAITS

IMPRIM'VERT®

Achevé d'imprimer par CPI,
en mars 2021
N° d'imprimeur : 163271

Dépôt légal : avril 2021

Imprimé en France